Ⓢ新潮新書

香原斗志
KAHARA Toshi

# お城の値打ち



1069

新潮社

# はじめに

空前と呼べるほどの「お城ブーム」が続いている。コロナ禍が終わったのちも、減少していた観光客を呼び戻すための切り札として、各地で期待がかけられたのが城だった。結果として、城は多くの地域で期待に応える「働き」をし、観光客を呼び込んでいる。円安を背景にインバウンドが急増したこともあり、オーバー・ツーリズムによる損傷や荒廃が懸念されている城すら少なくない。

また、城めぐりの対象も大きく広がっている。天守などの建造物がなく、石垣や堀だけが残る城を訪問する人も多くなった。さらには、土を切り盛りしただけで、そもそも石垣さえなかった中世の山城も、以前では考えられなかったほど多くの来訪者を集めている。

オーバー・ツーリズムに関しては対策が必要だとしても、基本的には「お城ブーム」

を歓迎しない理由はない。訪れた人には、日本の歴史や伝統を顧みるよい機会になるだろう。また、地元にとっては、地域の経済へのポジティブな波及効果を期待できる。

しかし、気づいている人も少なくないと思うが、日本の城のほとんどは、程度の差はあっても、かなり破壊されている。天守、または櫓や門、御殿などの建造物が残る城も、現在まで保存されているのは、往時の城郭全体からみればごく一部にすぎない。

一例を挙げれば、かつては城の石垣の上には、原則として、櫓（物見や敵への射撃に供する建物）や多門（長屋づくりの櫓）、土塀などが建ちならんでいた。いまでは、その上に建造物がない石垣が圧倒的に多いが、一部の例外を除き、石垣はかつて建造物と一体になっていた。そうと知って城跡を眺めると、どんなによく保存され、整備が行き届いていても、往時の姿がかなり失われていることに気づかされる。

私は仕事柄、ヨーロッパを訪問する機会が多いが、城や旧市街が美観をともなって保存されているヨーロッパの町々を眺めた直後に日本の城を訪れると、あまりにも痛めつけられているように見えて、悲しい気持ちになる。

じつをいえば、世界文化遺産に登録されている姫路城（兵庫県姫路市）でさえ例外ではない。内郭を取り巻いていた中堀は、南側が埋め立てられている。外堀も南部は埋めその起源についても諸説あるので、ここでは詳述しない。おそらく、読み進めるうちに理解できると思う。ただ、「重」と「階」の違いについては説明が要るだろう。「重」とは、外からみたときに重なっている屋根の数を、「階」とは内部の床の数を指す。姫路城の場合、外観は屋根が五つ重なっているが、内部は六つのフロアに分かれている、ということである。

このように「重」と「階」が一致しない例は珍しくない。不一致が生じる理由を説明するために、「望楼型」と「層塔型」の二つに大別される天守の建築様式について、簡単に説明しておきたい。「望楼型」とは、大きな入母屋屋根が架けられた建物（基部）の上に、望楼すなわち物見を載せたもので、入母屋屋根のなかに屋根裏階をもうけないと上階に登れないため、外から見た「重」より内部の「階」が多くなる。

一方、基部に入母屋屋根がなく、平面が同じ形状の建物を、一階から少しずつ小さくしながら五重塔のように積み上げたのが「層塔型」である。十七世紀になって登場した合理的で単純な構造で、この場合、基本的に「重」と「階」の数は一致した。ただし、「層塔型」でも一階と二階（または四階と五階）のあいだの屋根が省略され、「重」と「階」が一致しないことはあった。

天守の最上階には、外に出るための縁側が取りつけられることがあった。これを「廻《まわり》縁《えん》」と呼び、転落を防ぐための手すりである「高欄」とセットになっていた。

また、天守や櫓などの屋根は、「破風《はふ》」と呼ばれる意匠で飾られている。「破風」とは、屋根の妻側（棟と直角方向にある両側面）に山形に取りつけられたもので、構造上必要なものと、構造上は必要がないが装飾的に据えられたものとがあった。

屋根の端部を構成して、建築上欠かせないのが、最上重および望楼型の基部の「入母屋破風」（まれに切妻破風）で、ほかに装飾として屋根を飾った破風があった。入母屋破風と同じ三角形で、屋根の斜面に置かれたのが「千鳥破風」。やはり三角形だが逆Vのかたちなのが「切妻破風」。ほかに、半円形に持ち上がった装飾性が高い「唐《から》破風」があった。

最後に石垣について説明しておきたい。

石垣を構成する石を「築石《つきいし》」といい、その加工の程度によって、石垣は三種類に大別された。主に初期の、自然石をほとんど加工せずに積み上げたのが「野面積《のづらづみ》」で、この場合、築石と築石のあいだに隙間が生じるので、「合石」（「間石」、または「詰石」とも）と呼ばれる小石で埋めた。次に、築石の表面や、石同士が接する部分を打つなどして加工して、築石と築石との隙間を減らしたものが「打込《うちこみ》ハギ（接ぎ）」で、野面積より高く積むことが可能になった。近世城郭でもっともよく見られるのが「打込ハギ」である。最後に、築石を加工して隙間なく密着させたものが「切込《きりこみ》ハギ」と呼ばれた。

用語等についての説明はひとまずこのくらいにして、早速、本題に入っていきたい。

お城の値打ち

# 目次

## はじめに

社会をあぶり出す鏡／「城郭用語」について　3

## 第一章　なぜ多数の城が消えたのか

19
一　太平洋戦争による甚大な被害
近世城郭と天守について／数百棟の天守が十二棟に／失われた七棟／標的になった大城郭
二　築城ラッシュと幕府の規制
慶長の築城ラッシュ／城の九割以上が消えた／焼失した天守
三　城の価値を否定した明治政府
藩の財政難と戊辰戦争／価値は軍用財産として／二束三文での払い下げ／粗雑にあつかわれた「存城」

第二章　生き残った城たち　63
一　城の消滅を惜しむ声
保存意識の芽生え／姫路城を救った偶然の連鎖
二　民間の有志と篤志家の存在
博覧会が守った松本城／松江城天守百万円也／旧藩士の悲願――明石城三重櫓／搬出しにくかった備中松山城
第三章　天守再建ブームの光と影　87
一　戦争で失われた天守再建の実態
戦後復興のシンボル／先陣は原爆で倒壊した広島城／窓を大きく、豪華にした大垣城／石垣を崩して出入口を新設――岡山城
二　町おこしと天守復興ラッシュ
熊本城と会津若松城は優秀だが／行政が台無しにした小田原城／観光のための愚行／史実無視の岸和田城や浜松城／最大の個性を否定した今治城／史実と異なる「大阪城」の事情

三　天守がなかった城に建った天守たち
存在しなかった天守がシンボルに／ふるさと創生基金とエセ天守

第四章　平成、令和の復元事情　145

一　平成にはじまった天守の木造復元
木造復元ブームの火つけ役――白河小峰城／幕末にはなかった掛川城天守／建築基準法をクリアした白石城／最大の木造復元――大洲城／美観の再現――新発田城

二　改善される鉄筋コンクリート造天守
より史実に近い内外観に／戦前の姿に近づいてきた例

三　名古屋城と江戸城の問題点
名古屋城天守とバリアフリー／名古屋城天守の価値／天守建築の最高傑作――江戸城／江戸城復元が困難な理由／なんのための復元か

第五章　日本の城が進むべき道　189

一　広範囲にわたる復元への流れ
盛んな御殿、櫓、門の復元／金沢城の復元手法／熊本城と巨大地震／百年先への視野
二　城と周辺の環境との関係
赤穂城整備の限界／海が遠ざかった海城／日本に欠けている視点
おわりに　214
主要参考文献

※本書内の写真撮影はすべて著者による（第一章扉を除く）

# 第一章　なぜ多数の城が消えたのか

戦前の名古屋城（名古屋城総合事務所所蔵）

「はじめに」に記したように、日本の城はよく残っていると思われているものでも、かなり破壊されている。この章では、その理由をひもといていく。

太平洋戦争の空襲は、日本の諸都市の伝統的な景観に決定的なダメージをあたえた。その中心部にあった城はひとたまりもなかった。だが、それ以前から、城は受難の歴史をたどってきた。

徳川幕府は大坂の陣ののち、一国一城令と武家諸法度を発して、多くの城を破却させたうえ、新規築城やその修復に大きな制限を課した。しかし、それは一定数の城を残すことを前提にしたものだったが、明治維新を迎えると、新政府は城を陸軍の軍用地として利用価値があるかどうかだけで評価した。不要とされた城は破壊され、建造物は二束三文で払い下げられてしまったのである。

## 一　太平洋戦争による甚大な被害

### 近世城郭と天守について

日本全国には三万以上、一説には四万から五万もの城があったといわれる。ただし、南北朝時代から戦国時代にかけて築かれた城のほとんどは、丘や山を削り、空堀を掘り、その土を土塁として堤防のように盛り上げ、曲輪と呼ばれる平坦地を区画した、いわば土の城だった。建物も簡易なものが中心だった。

これらの「中世城郭」に対して、城と聞いたときに多くの人が頭に思い描く、広大な水堀に囲まれ、高い石垣が塁をなし、瓦葺きの恒久的な建物がならび、その中心に高層の天守がそびえる「近世城郭」は、全体の一％から二％程度にすぎない。

だが、本書では主として、織田信長が築いた安土城（滋賀県近江八幡市）を画期として普及し、いわゆる城のイメージをつくり上げた近世城郭をあつかう。付言すれば、今日、有名な城の多くは近世城郭である。また、多くの近世城郭は都市の中心にある。したがって、近世城郭について検討することは、おのずと都市について考え、都市政策や、都市に住む人たちの志向性について考察することにつながる。

そもそも城とは、原則として、外敵の侵入を防ぐための軍事施設であった。なかでも中世城郭は、戦闘が日常的な状況下における、土着性が高い実用的な施設だった。もう少し詳しく説くと、各地の領主たちが拠点としていた、周囲を堀で囲まれた館と、その近くに築かれた戦時のための城砦からなるのが、中世における典型的な城だった。その後、一部の守護大名や戦国大名が次第に勢力を拡大すると、それら大名の拠点を中核として、さまざまな役割をもった支城や城砦が張りめぐらされたが、いずれの城も、日々の戦闘に供する施設という点は変わらなかった。

ところが、安土城を転換点として、日本の城は見た目も役割も大きく変わった。安土城は織田政権の中枢に構えられ、天下人として君臨しようとする織田信長の権力を誇示し、その支配下に置かれた諸大名たちを威圧するための装置でもあった。以後、城には天守に代表される象徴性が求められるようになる。

当時、戦術が大きく変化した影響もあった。それまで中心をなしていた槍など接近型の武器による戦闘はすたれ、鉄砲隊による集団戦法が主流になった。また、天下統一が近づくにつれ、戦国大名たちの動員兵力が増え、合戦はおのずと大規模化していった。この状況に対応するため、城の規模は次第に拡大し、広大な堀や高い石垣で囲まれるようになった。広壮になった城は、権力を誇示する機能も兼ねることになった。

こうした経緯で誕生した近世城郭は、江戸時代の幕藩体制下において、象徴としての機能をいっそう増した。幕府から権威をあたえられて領土と領民を統治する藩という統治組織を、象徴する存在になったのである。

近世城郭はすでに述べたように、日本に存在した城全体のうちの、ごく一部を占めるにすぎない。それなのに日本の地方都市の多くは、近世城郭の城下町に由来する。すなわち、数少ない近世城郭の多くはかつて、日本の都市と一体の存在だったのであり、城はいわば都市の顔としての機能を負っていた。日本の都市では多くの場合、その都市らしい風景とは、真ん中に城があり、そのまた中心に天守がそびえている、というものだった。

したがって、多くの人が城と聞いて近世城郭を思い浮かべるのは、当然だともいえる。また、城とはすなわち天守のことだと思っている人も少なくないが、いま記した事情を考えれば、理由がないことではない。

天正七年（一五七九）五月、安土城に五重の天主（信長の城だけは史料上の記述にしたがい「天主」と記す）が完成してから、天守は日本の城のシンボルとして認識されるようになった。現実には、その後も天守がない城は少なくなかったが、それでも天守は、存在しているかぎり城のシンボルに違いなく、日本の都市の景観と不可分だった。

本書が主として近世城郭と天守をとおして、日本の城について考えていこうとする理由は、そこにある。

## 数百棟の天守が十二棟に

その天守だが、明治維新を迎えた時点では、全国に七十数棟は存在していたと考えられているのに、現存するものは、たった十二棟しかない。

天守が現存する城を北から順に挙げると、弘前城（青森県弘前市）、松本城（長野県松本市）、丸岡城、犬山城、彦根城、姫路城、備中松山城（岡山県高梁市）、松江城（島根県松江市）、丸亀城（香川県丸亀市）、松山城（愛媛県松山市）、宇和島城、高知城（高知県高知市）の十二である。

このうち松本城、犬山城、彦根城、姫路城が戦後、文化財保護法にもとづく国宝に指定され、平成二十七年（二〇一五）七月には、そこにあらたに松江城が加えられた。残りの七城の天守は国の重要文化財に指定されている。

すでに述べたように、天守イコール城というわけではない。そもそも、織田信長が天正四年（一五七六）から築いた安土城に、五重六階の天主が出現する以前は、天守に相当する高層建築が城郭内に存在したという記録は、わずかしか確認されていない。また、安土城以後も、さまざまな事情から天守が建てられなかった城は案外多く、いったん火災などで失われてしまうと、その後は再建されなかったという例も少なくない。

だから、天守にばかり目を向けると、総体としての城が見えなくなるという弊害もあるが、それでもやはり天守は城の象徴であり、多くの日本人がそう認識している。実際、城を築いた武将や大名の多くが、自身が城郭のシンボルとして天守を欲しており、天守は出現して以来、幕末までに数百棟が建てられた可能性がある。それを考えれば、やはり現存天守を示す十二という数字は少なすぎるというほかない。

史上、数多く建てられた天守が失われ、わずか十二になるまでには、何段階かの契機があった。それぞれの契機については、追って詳しくひもといていきたいが、それでも昭和二十年（一九四五）、太平洋戦争の末期に全国の都市が米軍の空襲の標的になるまでは、二十の天守が残っていた。

　周知のとおり、空襲によって日本の主要都市の大半は焼け野原になった。しかも、四十七の都道府県庁所在地の七割以上が、かつての城下町であることからもわかるように、各地で中核となる都市の多くは中心部に城があった。だから、ひとたび空襲に見舞われると城も標的になった。城の敷地は明治以降、軍の駐屯地になっていたケースも多かったので、なおさらであった。また、城が直接の攻撃対象にならなかったとしても、米軍機は密集する市街地に向けて焼夷弾攻撃を執拗に繰り返したので、火はあっという間に燃え広がり、城をも包みこんでいった。

　焼夷弾はきわめてたちが悪かった。なにしろ、燃焼力が高いゼリー状のガソリンを詰め込み、それをまき散らして、あたり一面を焼き尽くす爆弾だった。その成り立ちからして、日本の木造家屋を効率よく焼きはらうためにアメリカで開発された、無差別攻撃のためのきわめて非人道的な兵器なのである。米軍機はこれを、木造家屋が密集して人口密度が高い市街地をわざわざねらって落下させたのだからたまらなかった。

　落とされた焼夷弾から飛び出した油脂は九十メートルも飛んだといわれる。周囲はまたたく間に火の海に覆いつくされ、それは城郭へと燃え広がって、そこに残されていた天守をはじめとする建造物もまた、火焔の波に飲み込まれてしまった。

## 失われた七棟

私が中学一年生のときだったと思う。だから昭和五十年代のことだが、名古屋城天守が猛火に包まれている写真が、戦後に鉄筋コンクリート造で外観復元された天守の内部に展示されているのを見て、強い衝撃を受けたのを忘れられない。

徳川御三家の筆頭格、尾張徳川家の居城であった名古屋城の五重五階の天守は、徳川家康の命によって建てられたものだった。天守台の石垣をのぞいた木造による本体の高さだけで三十六・一メートルもあり、三代将軍家光が建てた江戸城（東京都千代田区ほか）の三代目の天守および、徳川幕府が再建した大坂城（大阪市中央区）の天守に次ぐ、史上三番目の規模だった。しかも、延べ床面積ではこれら二つをも上回って、史上最大だった。

築城工事がはじまった慶長十五年（一六一〇）には、まだ大坂城に豊臣秀吉の遺児、秀頼が健在だった。このため、家康はあえて秀吉が建てた大坂城をはるかに上回る規模の天守を、新造された名古屋城にそびえさせ、諸大名に徳川の力が巨大であることを知らしめると同時に、大坂を牽制したのである。

だが、この「ザ・天守」と呼ぶべき誇り高き建造物は、建てられてから三百三十年あまり持ち堪えてきたにもかかわらず、昭和二十年（一九四五）五月十四日未明、名古屋大空襲に際してB29爆撃機の焼夷弾攻撃を受け、炎上してしまった。

このとき空襲に備え、天守には名高い金の鯱を避難させるための足場が組んであったという。運悪く、落とされた焼夷弾がその足場に引っかかってしまい、火が上がって天守全体が火だるまになった、という皮肉な話が伝えられている。天守のほかにも、二条城（京都市中京区）の二の丸御殿とならんで桃山時代の武家風書院造の代表だった本丸御殿をはじめ、多くの歴史的建造物が失われてしまった。

そして、名古屋城を皮切りに、天守の受難は続くことになった。

六月二十九日、岡山市内は午前三時前から大規模な空襲に見舞われた。これによって市内の七三％が焼失し、岡山城天守も焼け落ちた。

現存十二天守のなかに、慶長五年（一六〇〇）の関ヶ原合戦以前に建てられたと断定できるものはない。令和三年（二〇二一）、犬山城天守の木材の伐採年は年輪年代測定法で天正十三〜十六年（一五八五〜八八）という結果が出たので、その時期に建設されたのは明らかだ、という発表がなされた。しかし、批判もあって確定はしていない。

それに対して五重六階の岡山城天守は、関ヶ原合戦以前に秀吉の五大老のひとりだった宇喜多秀家によって建てられたことが確実だった。四百年以上前に焼失した信長の安土城天主や秀吉の大坂城天守の面影を色濃くとどめる、きわめて貴重な遺産だった。それが一瞬にして消滅してしまった。

七月九日に和歌山市を襲った大空襲では、徳川御三家のひとつ紀州徳川家の居城だった和歌山城の天守が炎上した。三重三階の大天守と小天守が連結し、さらに、長屋形式の一重の多門櫓を介して二つの二重櫓がつながれた建造物群が残されていたが、そのすべてが失われてしまった。落雷が原因で焼失したのち、嘉永三年（一八五〇）に再建された江戸時代末期の建築だったが、江戸初期の様式を色濃くとどめる気品ある佇まいを見せていた。

比較的あたらしかった和歌山城天守に対し、七月二十九日に焼失した大垣城の四重四階の天守には、長い歴史があった。元和六年（一六二〇）に大きく改修されたという記録があるものの、創建は関ヶ原合戦より以前にさかのぼる可能性があった。関ヶ原での決戦の前に、石田三成らが大垣城を拠点にしていたことはよく知られる。そのとき存在していたかもしれない天守だった。

日本の都市が空襲を受けたのは、軍国日本の姿勢に原因があったにせよ、無辜の民間人とともにかけがえのない文化遺産が、どうしてこうも無差別に破壊されなければならなかったのだろうか。同時に、日本がもう少し早く降伏していれば、という悔しさも募るが、そう思ったところで虚しいばかりである。

その後も終戦にいたるまでのわずか半月のあいだに、三つの天守が失われてしまった。八月二日の水戸空襲では、水戸城（茨城県水戸市）——これも御三家の水戸徳川家の居城だった——のシンボルだった三重五階の「三階櫓」が炎上している。この建造物は呼び名こそ「三階櫓」だが、事実上の天守だった。

そして六日午前八時十五分には、原子爆弾による爆風を浴びて広島城（広島市中区）の天守が倒壊した。燃えこそしなかったものの、一瞬にしてうずたかい残骸の山になってしまったのである。たとえ残骸となっても、木材が保存されていれば、のちに復元することは可能だったかもしれない。しかし、原爆投下後の状況下では木材の管理など望むべくもなく、バラックを建てるための建材や薪などに使うために持ち去られ、すぐに失われてしまったという。

毛利輝元が築いた広島城の五重五階の天守も、外観は秀吉の大坂城天守（または聚楽第だったかもしれない）を模したものと考えられている。建築年代は岡山城よりさらにさかのぼった可能性があり、きわめて貴重な歴史的建造物だった。

とどめは八日の夜遅くだった。広島県福山市内は大量の焼夷弾が投下されて火の海になり、市街の八割が焼失。福山城天守も焼け落ちてしまった。元和八年（一六二二）に建てられた、高さ二十六メートルあまりの五重五階の天守は、天守の完成形といわれるほど構造が合理的だった。また、防御が手薄な北面は、大砲などによる攻撃に備えて壁面に鉄板が張られるなど、唯一無二の存在だった。

## 標的になった大城郭

ところで、現存天守はサイズが小ぶりのものが多い。五重天守は姫路城と松本城の二棟のみで、あとは松江城と高知城が四重であるほか、三重が六棟、二重が二棟である。一方、太平洋戦争で失われた七棟の天守をみると、名古屋城、岡山城、広島城、福山城の四棟が五重で、大垣城が四重。和歌山城と水戸城が三重だった。これは、大都市ほど米軍による焼夷弾攻撃の標的になったことと関係があると思われる。

現存する十二天守を擁する城郭で県庁所在地に存在しているのは、松江城、松山城、高知城の三つだけだが、先の戦争で失われた七棟については、水戸城、名古屋城、和歌山城、岡山城、広島城の五つが県庁所在地にあった。そのうえ、いずれも江戸時代には有力大名が領する大藩の拠点であり、それだけに城郭もまた、全国でも屈指の規模を誇っていた。すなわち、大規模な城と城下町に由来する大きな中核都市だったばかりに、米軍による攻撃の対象に選ばれてしまったのである。

戦災で失われた七棟のうち、少なくとも名古屋城、岡山城、広島城、福山城は、残っていればまちがいなく国宝に指定されていたことだろう。過去について仮定の話を重ねるのもどうかと思いながら、あと少し許されるなら、大天守と小天守が建つ本丸に、江戸初期の絢爛豪華な御殿や櫓群なども残っていた名古屋城は、世界遺産に登録された可能性が高い、と指摘しておきたい。それだけになおさら、名古屋大空襲から終戦までのわずか三カ月のあいだに、七棟もの天守が失われたことが残念でならない。

また、これだけ多くの天守が消滅したということは、いうまでもないが、ほかにも膨大な数の文化遺産が損なわれたことを意味している。

ところで、空襲がはじまる前まで二十の天守が残っていたと先に書いたが、現存する十二棟と太平洋戦争で失われた七棟を足しても十九棟で、二十棟にはひとつ足りない。じつは戦後にも一棟が失われている。昭和二十四年（一九四九）六月五日午前一時すぎ、北海道の松前半島最南端にある松前城（北海道松前町）に残されていた三重櫓が焼失してしまった。これも呼び名こそ「三重櫓」だが、水戸城の「三階櫓」と同様に事実上の天守だった。

松前城は外国船が姿を見せるようになった沿岸を防備するために、幕末の安政元年（一八五四）に整備されたもので、そのときに完成した三重櫓は、北海道に建てられた唯一の天守だった。戦時中は空襲を免れるように黒い偽装網で覆われていたが、網がふくむ水分の影響で漆喰壁がはがれ落ちてしまったので、ちょうど修理に着手するところだったという。

作業小屋が完成し、翌日には足場を組もうとしていたタイミングで、町役場の当直室から出火し、役場と周囲を焼き尽くしたのちに、三重櫓に延焼した。当直員が電灯の笠を遮光幕で覆って寝たところ、遮光幕が熱を帯びて発火したらしい。運が悪いことに、しばらく雨が降っていなかったせいで三重櫓脇の内堀には水がまったくなく、海水を汲んでリレーで放水したそうだが、周囲を木造建築で囲まれていたゆえに火の回りが早く、焼け落ちてしまったという。

やはり木造建築は火に弱い。和歌山城天守が江戸時代に落雷で焼失したと先に書いたが、ほかにも落雷の犠牲になった天守は数多かった。米軍は意識して日本建築が抱えるこの弱点をねらったのだから、大規模な木造建築である天守はひとたまりもなかった。

だが、こうして米軍の攻撃などで多くの天守が失われる三百年以上前にも、天守にかぎらず城郭そのものが規制され、いくつもの天守が解体されるという、日本の城にとって受難の時期があった。

## 二　築城ラッシュと幕府の規制

### 慶長の築城ラッシュ

日本に存在した城の総数は三万を数えるといわれる。しかし、すでに記したように、その大半は空堀を掘り、掘り出した土で土塁を構築するなどした「土の城」だった。多くの人が城と聞いて思い浮かべるのは、広い水堀に囲まれ、高い石垣がそびえ、その上に天守や櫓が建ちならぶ姿ではないだろうか。

そういう城は信長の安土城を嚆矢として、秀吉の大坂城に受け継がれ、豊臣政権下で各大名のあいだに普及していったものだ。その初期における代表例が、戦災で天守を失った岡山城と広島城だった。

そして慶長期（一五九六～一六一五年）、とりわけ慶長五年（一六〇〇）の関ヶ原合戦が終わってから、同二十年（一六一五）の大坂夏の陣までのあいだに、空前の築城ラッシュが起きた。その主役は西国を中心に配置されていた大藩の外様大名たちだった。

関ヶ原合戦で、徳川家康が総大将を務める東軍を勝利に導いた功績は、主として豊臣秀吉に取りたてられた大名たちにあった。このため戦後処理を進めた家康は、西軍に加わって改易や減封になった諸将から、当時の全国の総石高約千八百万石の三分の一を超える六百三十二万石を没収しながら、そのおよそ八割にあたる五百二十万石を、豊臣恩顧の大名にあてがわざるをえなかった。

その結果、一国以上の領地を手にして国持大名になったという例も少なくなく、彼らは拡大した領地に見合うように城を新造したり大きく改修したりした。こうした豊臣系大名たちの多くは、領地を加増される代わりに中国、四国、九州など西日本へ転封になったケースが多かったため、西国を中心に、多くの大城郭が出現することになったのである。

家康の業績を中心に記された史書『当代記』の慶長十二年（一六〇七）八月の条には、「この二三箇年中、九州中国四国衆いずれも城普請専らなり、乱世遠からずとの分別かと云々」と書かれている。実際、このころは徳川の支配権が徐々に強まりつつあったとはいえ、大坂にはなおも豊臣秀頼が君臨していた。このため、軍事的カリスマであった家康の寿命が尽きれば、ふたたび戦乱が起きる可能性も否定はしきれなかった。「乱世遠からずとの分別」は、西国の諸大名たちの偽らざる所感だったと思われる。

だから外様大名たちは、再来しうる乱世に備えて城の普請にいそしみ、天守の新築も盛況となった。佐賀藩主鍋島直茂の事績をまとめた『直茂公譜考補』には、慶長十四年（一六〇九）のこととして「今年日本国中ノ天守数二十五立」と記されている。一年で全国に二十五もの天守が新築されたというのだ。

さすがに「二十五」という数字は多すぎではないか、と疑問を投げかけるむきもあるようだが、この時期、西日本の大大名たちは自身の居城だけでなく、家臣たちに守らせる支城や端城にまで天守を築いた。たとえば、豊前（福岡県東部および大分県北西部）

三十九万石をあたえられた細川忠興は、居城としていた小倉城（北九州市小倉北区）だけでなく、端城であった中津城（大分県中津市）、門司城（北九州市門司区）、木付城（大分県杵築市、現・杵築城）にも天守を築いたことが史料等から確認できる。

一方、同じ時期には家康もまた、大名たちに費用もふくめて工事を負担させる御手伝普請（天下普請）により、江戸城はもとより二条城、篠山城（兵庫県丹波篠山市）、丹波亀山城（京都府亀岡市）、駿府城（静岡市葵区）、名古屋城などを次々と築き、その多くに五重の天守を建てた。

相次いで大城郭を築いた外様大名が、来るかもしれない「乱世」に備えたのと同様、家康が御手伝普請で築いた城の多くも、大坂の豊臣秀頼とのあいだに発生しかねない有事に備える役割を負っていたのである。

しかし、こうした状況は大坂の陣で豊臣氏が滅亡し、名実ともに徳川による支配体制が確立すると、一気にしぼんでしまった。

家康は外様大名が主導する築城ラッシュを、好ましいことではないと思いながら見ていた。『慶長見聞録案紙』には「中国四国之大名衆、於所々城普請丈夫に構之旨、於岡崎内府様御聞被成、不可然之仰有之」と書かれている。すなわち、西国の大名があちこちで頑強な城を築いていると聞き、あってはならないことだと述べた、というのである。

家康にそういわれてしまった以上、諸大名にとっても大規模な築城を遠慮すべき状況が、次第に生じた。そして、大坂の陣ののちには、城郭に関して厳格な規制が適用されることになった。

まず慶長二十年（一六一五）閏六月十三日、幕府から一国一城令が出され、主に西日本の大名たちが、原則として居城以外の城は壊すように命じられた。続いて七月には武家諸法度が発布され、大名は居城を修理するだけでも、幕府に事前に届け出て許可を得ることが義務づけられ、あらたに城を築くことは、原則として禁止されたのである。

### 城の九割以上が消えた

一国一城令は幕府の老中（当時は年寄と呼ばれた）だった酒井忠世、土井利勝、安藤重信の三名の連判で大名たちに伝えられたもので、全国を対象にしていたのか、西日本だけが対象だったのかで見解が分かれている。

いずれにせよこの通達を受けて、たとえば前述の細川氏は、本城であった小倉城を残して、龍王城（大分県宇佐市）、岩石城（福岡県添田町）、一ツ戸城（大分県中津市）、香春岳城（福岡県香春町）、門司城、高田城（大分県豊後高田市）、木付城の七城を破却した（中津城は藩主が土井利勝と交渉した結果、存続することになった）。

こうして、一国一城令が出されるやいなや、わずか数日のうちに四百もの城が壊され、最終的には、全国に三千程度あったとされる城の九割以上が破却され、姿を消したといわれている。このとき消滅した天守も数知れない。

そのうえ武家諸法度の規定で、大名が既存の城を改修することさえも難しくなってしまった。広島藩主だった福島正則が広島城を幕府に無断で修復した責任を問われ、改易されたことはよく知られている。

元和三年（一六一七）に発生した大洪水の影響で、広島城は全城域にわたって石垣や櫓、塀などが損壊したという。そこで正則は老中の本多正純に、修復を許可してもらえるように取り次ぎを願い出たが、正純がなかなか取り次いでくれなかった。たまりかねた正則は同五年（一六一九）正月十二日、将軍の裁可が下りるのを待たずに、城の修繕に取りかかるように命じた。このことが家の取りつぶしという命取りを招いたのである。諸大名が幕府に対して怖気づいたことは想像にかたくない。

ただ、福島正則の改易は例外的な新規の築城にもつながった。広島城には正則のあとを受けて浅野長晟が入城したが、その際、旧福島領のうち南東部の十万石は分割し、家康の従兄弟の水野勝成にあたえられた。そして勝成は、海陸交通の要地である福山（常興寺山）に大城郭を築き、五重の天守をそびえさせた。福山城である。

同じような例外はほかにもあった。元和三年（一六一七）に信濃（長野県）の松本から播磨（兵庫県南西部）の明石へと転封になった譜代大名の小笠原忠政（忠真）は、二代将軍秀忠から直々に築城命令を受けている。こうして築かれたのが明石城（兵庫県明石市）で、本丸に築かれた天守台に天守は建てられなかったが、本丸の四隅には四基の三重櫓が建ちならんだ。

同様に、これも譜代大名であった戸田氏鉄は、同じ元和三年から大坂湾に面したデルタ地帯に尼崎城（兵庫県尼崎市）の築城を開始した。完成したのは堀を三重にめぐらせ、本丸には四重の天守のほか三棟の三重櫓が建つ、五万石の大名には分不相応と思われる壮麗な城だった。

新規の築城が原則として禁じられながらも、こうして例外的にいくつかの大城郭が築かれたのは、いうまでもなく、西国の大大名の動きに目を光らせ、牽制する目的があったからである。一国一城令にも武家諸法度の規定にも、大名たちが幕府に叛逆する力を削ぐねらいがあった。あえて外様大名がひしめく西国に譜代大名を送り込んで、西国の大名の城に負けない大城郭を築かせたのも、同じ目的によるものだった。

一国一城令が出されたのちに、外様大名が大城郭を築いた例もある。松倉重政は元和四年（一六一八）から広壮な石垣に囲まれ、姫路城と同じ規模の天守が建つ島原城（長崎県島原市）を築いた。大和（奈良県）の五条から移ってきた重政もまた、豊臣系の大名を監視させられたのだが、島原半島にはほかにも特有の事情があった。

そこはかつてキリシタン大名だった有馬晴信が治めていた領地で、江戸幕府が禁教政策を進めてからも潜伏キリシタンが多かったので、キリシタンの取り締まりという責務も負わされたのである。

余談になるが、松倉重政は領民からあまりに過酷に収奪し、その嫡子の勝家はさらなる負担を強要して、島原の乱を誘発してしまう。このため勝家は、寛永十五年（一六三八）に乱が鎮圧されたのち、大名であるのに切腹すら許されず、異例の斬首刑に処されている。

また、寛永二十年（一六四三）には一国一城令で廃城になった丸亀城が復活し、大改修をほどこされている。同十七年、高松城（香川県高松市）を居城に讃岐（香川県）一国を治めていた生駒家が改易になると、幕府は讃岐を二つに分けた。そして、高松城に家康の孫である松平頼重を置き、西半分は外様大名の山崎家治にあたえた。しかし、そこには現役の城がなかったので、幕府が築城費用を援助して丸亀の旧城を改修させた。こうして山麓から高石垣を三段、四段と積み重ねた壮大な城が完成したのである。

丸亀は瀬戸内海の交通を監視する要所であった。また、この時期はまだ島原の乱の記憶が生々しかった。丸亀沖の島々にはなおもキリシタンが多かったといわれ、万が一、彼らが蜂起したときのために、幕府は丸亀に堅固な城を築いておきたかったのではないか。そんな可能性も指摘されている。

## 焼失した天守

だが、一国一城令の発布後も例外的にあつかわれた城の最たるものは、徳川の城だった。大坂夏の陣で落城した大坂城は、二代将軍秀忠の命によって元和六年（一六二〇）から、三次にわたる御手伝普請によって徳川家の城として再築され、寛永六年（一六二九）に完成した。それにあたっては、秀吉が築いた城はいったんすべて埋め尽くし、その上に真あたらしい大坂城が築かれている。寛永三年（一六二六）には五重五階、木造部分だけで高さ四十三・九メートルという巨大な天守が完成した。

また、関ヶ原合戦の翌年から家康の命で築かれた二条城は、寛永三年（一六二六）に後水尾天皇の行幸を迎え入れるにあたって大改修され、増築された本丸に、廃城になった伏見城（京都市伏見区）から天守が移築された。

江戸城も寛永十三年（一六三六）まで、延べ四百七十一家もの大名を動員した御手伝普請が続けられた。その結果、城域は総面積が約二千八十ヘクタールと、世界でも屈指の規模にまで拡張された。また、三代将軍家光が同十四年に完成させた天守は、高さ四十四・八メートルと徳川大坂城のそれをわずかに上回り、史上最高層の木造建築のひとつだったと考えられている。

徳川家の城が例外とされたのは、その築造工事を負担させることで、徳川家は諸大名とのあいだの主従関係を強固にでき、そのうえ完成した城によって彼らを威圧することができたからである。そのねらいは一国一城令や武家諸法度の精神と矛盾していない。

ところが徳川家の城であっても、天守がいったん失われると再建されなかった。

家康が自身の隠居城として整備した駿府城は、史上最大の天守台の中央に、慶長十三年（一六〇八）に完成した五重六階もしくは六重七階の天守が建っていた。しかし、寛永十二年（一六三五）に城内に燃え広がった火災で焼失すると、その後、再建されることはなかった。

江戸の六割を焼き尽くした明暦三年（一六五七）の大火で焼失した江戸城天守は、ただちに再建に着手され、幕府の命を受けた加賀藩主の前田綱紀が天守台の石垣を新たに築いた。ところが、四代将軍家綱の叔父で後見人だった保科正之が、天守は「軍用には益なく唯観望に備ふるのみなり。これがために人力を費やすべからず」と提言。要するに、江戸の町の再建こそが急務であって、物見にしか役立たないような天守の再建に力を割いている場合でないと訴えたのである。これが受け入れられ、再建は中止された。

二条城の天守台（奥）

続いて徳川大坂城の天守も、江戸城の天守が失われてわずか八年後の寛文五年（一六六五）に落雷で焼失すると、再建されることはなかった。二条城天守も寛延三年（一七五〇）に落雷を受けて炎上。そのまま再建されずに明治維新を迎えている。

徳川家の城でさえ、いったん天守が焼失すると再建されないのだから、外様大名にとってはなおさらだった。なんらかの事情で天守が失われてしまった場合、再建することがはばかられたという状況は、容易に想像がつくだろう。

　このような幕府への遠慮は、初期からあった。黒田長政が慶長六年（一六〇一）から七年の歳月を費やして築いた福岡城（福岡市中央区）には、五重の天守が建っていたと想定されているが、早い時期に失われて再建されなかった。長政が幕府への忠誠を疑われないための自己防衛策として、みずから申し出て壊したものと考えられている。

　慶長十六年（一六一一）に鍋島直茂が完成させた佐賀城（佐賀県佐賀市）の四重五階の天守も、享保十一年（一七二六）に焼失後は建てられていない。加賀百万石の金沢城（石川県金沢市）では、関ヶ原合戦から間もない慶長七年（一六〇二）に落雷で焼失したのち、天守は建てられていない。天守の代用となる三階櫓は二度建てられたが、これも宝暦九年（一七五九）に火災で焼けると、ふたたび建てられることはなかった。

丸亀城の小ぶりの現存天守

　それでも自身の権力もしくは権威の象徴として、天守を建てたがる大名は少なくなかったが、その場合は大きな三重櫓を建てて事実上の天守としながら、表向きは天守とは呼ばないことが多かった。いま記した金沢城のほか、すでに述べたとおり、空襲で焼失した水戸城の三階櫓、戦後に失火で焼けた松前城の三重櫓はこうした例だった。また、現存十二天守のうち丸亀城と弘前城のものは、現実には天守代用の三重櫓だった。

ここまで例外についても述べてきたが、豊臣氏が滅んでのちは基本的には、江戸時代をとおして城郭が新造されるケースは一部にとどまり、拡張されることも少なかった。ことに天守は、火災に遭うなどしても再建しにくい状況が続いたまま、幕末をへて幕藩体制は消滅を迎えるのである。

## 三　城の価値を否定した明治政府

### 藩の財政難と戊辰戦争

それでも明治維新を迎えた時点では、日本に百九十三の城が存在していた。そのほかに城持ちでない三万石以下の大名の藩庁が置かれた陣屋や、同じく城に準じていた要害を加えると、事実上の城の数は三百を優に超えていた。

天守はすでに記したような経緯で、一国一城令の発布後に残ったものも半数程度は失われてしまっていたが、それでも明治維新の時点で七十数棟は残っていた。ところが、ごく短いあいだに五十棟前後が破壊されてしまったのである。

幕末から明治初期にかけて撮影された古写真に映し出された城の建造物は、漆喰壁が剝落していたり、屋根はゆがんで波打ち、瓦がずれ落ちそうになっていたりと、非常に傷んで見えるケースが多い。幕末にはどの藩も財政が窮乏化して、巨大な城の維持が困難になっていたのである。

藩の財政運営は、村方から年貢米を取りたてるほか、町方からは冥加金や運上金などを徴収し、家臣への給米をふくむ予算に充てるのが基本だった。江戸時代初期はそれでなんとかなっていたが、とくに江戸中期以降は商品経済が発展したために消費支出が激増し、その一方で、凶作や飢饉が続いたために、農村の疲弊が著しかった。

こうして年貢の徴収に限界が生じたことで、幕府はもとよりどの藩でも財政難が深刻化し、大変な歳出超過に見舞われるようになっていた。そんなタイミングで幕末の動乱が生じ、戊辰戦争の戦費負担などもあって財政難に拍車がかかっていた。

その戊辰戦争に際して破壊された城もあった。徳川四天王のひとり、本多忠勝が築いた桑名城（三重県桑名市）もそのひとつだった。

慶応四年（一八六八）一月の鳥羽・伏見の戦いで敗戦後、会津藩主松平容保の実弟である桑名藩主の松平定敬が、将軍慶喜らとともに江戸に逃亡してしまった。その後、新政府軍に無血開城したが、そのとき新政府軍は、開城の証として三重の辰巳櫓を焼き払った。この櫓は元禄十四年（一七〇一）に天守が焼失して以来、天守の代用とされてきたものだった。

また、宇都宮城（栃木県宇都宮市）は慶応四年四月、新政府軍と幕府軍による宇都宮戦争の舞台となっている。二度の攻城戦をへて、城内は城下の町々とともにほとんどが焼失してしまった。

東北地方を中心に、新政府に同意できない諸藩が結成した奥羽越列藩同盟側の城は、とくに大きな被害を受けることになった。長岡城（新潟県長岡市）は、藩主の牧野家家臣であった河井継之助率いる藩兵が、慶応四年五月から七月にかけて新政府軍と戦った北越戦争の際、ほぼ全域が焼失した。その後、城跡は市街地になってしまい、いまはその名残すらない。

同年閏四月から七月にかけて、白河口の戦いの舞台になった白河小峰城（福島県白河市）では、天守の代用とされていた三重御櫓をはじめとする大半の建造物が焼失。同年七月の二本松の戦いで落城した二本松城（福島県二本松市）も、攻城戦の際にほとんどの建造物が失われている。

戊辰戦争最大の激戦になった八月から九月の会津戦争では、会津勢が立てこもる会津若松城（福島県会津若松市）が新政府軍の徹底的な砲撃を受けて、五重五階の天守を筆頭に建造物が大きな被害を受けた。とはいえ、多くの建造物は焼失せずに残ったのだが、落城後は放置されたうえで、見せしめのように解体されてしまった。

だが、これらの城が破壊されたのは、ほかの城に少しだけ先んじたにすぎなかったのである。

まず、維持するのが困難であることを理由に、城の取り壊しを申し出る藩主が現れた。明治三年（一八七〇）閏十月二日、旧藩主で知藩事となっていた大久保忠良は、幕末にも大地震による石垣や建造物の激しい損壊に見舞われた小田原城（神奈川県小田原市）に関し、新政府に廃城を願い出て認められている。中津城も同年十二月、中津藩士だった福沢諭吉が「無用」の城を「廃城」にすべきだと届け出た結果、城内の建造物は御殿を残して取り壊された。また、驚くべきことに、天下の名城と謳われた名古屋城と熊本城（熊本市中央区）についても、知藩事が太政官に取り壊しを願い出ていた。

それでも、このときは旧藩の組織はまだ解体されておらず、その多くは城郭をそのまま使用していた。ところが、明治四年（一八七一）に廃藩置県が断行されると、藩という組織そのものがなくなってしまった。同二年の版籍奉還後に知藩事になっていた旧藩主は、華族となって東京への移住を義務づけられ、各地で城郭を維持していた組織が消滅してしまったのである。

そうなった以上、城郭はさらに荒んでいくしかなかった。そんな状況下で、全国の城に対する決定的な裁可がくだされた。それは明治六年（一八七三）一月十四日に明治政府から出され、日本の城に致命的なダメージをあたえた「廃城令」であった。

## 価値は軍用財産として

俗にいう「廃城令」とは、以下に述べる二つの太政官達（太政官が交付した法令）を指す。すなわち、陸軍省に向けて発せられた「全国ノ城郭陣屋等存廃ヲ定メ存置ノ地所建物木石等陸軍省ニ管轄セシム」と、大蔵省に向けて発せられた「全国ノ城郭陣屋等存廃ヲ定メ廃止ノ地所建物木石等大蔵省ニ処分セシム」である。

「俗にいう」と記したのは、これを留保なしに「廃城令」と呼ぶと、法令の意味を誤解することにつながるからだが、なぜ「廃城令」ではいけないのかについては、追って述べる。

では、この太政官達をとおして、明治政府はなにをねらったのか。要は、徴兵制にもとづく常備軍の基地として使用できそうな城は今後も使うことにして、そういう目的に使えそうにない城は処分しようと考えたのである。

江戸時代に幕府および諸藩が支配していた全国の城や陣屋は、江戸城が皇居（当初は東京城と呼ばれた）になり、大坂城が兵部省の管轄下に置かれたほかは、維新後も各藩がそのまま管轄していた。それが廃藩置県後は、兵部省陸軍部（兵部省の改組後は陸軍省）の管轄へと変更になった。

しかし、事実上の城である陣屋や要害を加えると、すでに述べたように城は全国に三百以上もあって、陸軍省にはそれだけの数を管轄しきれない。このため、軍隊の基地として利用可能な城郭と、不要な城郭に分ける必要が生じたということだ。

この時点で陸軍省の管轄下に置かれていた城郭は、国有財産でもあった。したがって、不要と判断された場合は大蔵省が処分する必要があった。そこでまず、陸軍省と大蔵省の役人が全国に出張して各地の城郭を細かく調査した。そのうえで明治六年（一八七三）一月十四日、当時の正院（太政官職制の最高機関）が、全国の城を陸軍の軍用財産として残す「存城」と、普通財産として大蔵省に処分させる「廃城」に分け、両省に通達したのである。

このとき存城とされたのは、四十二の城と一つの陣屋にすぎず、残る二百数十の城と陣屋、要害はみな廃城とされてしまった。ただし、「存城」としてあつかわれても、前述の会津若松城のように、建造物の大半が取り壊された城があり、後世のように文化財として保存するという発想は皆無だったことがわかる。一方で犬山城や松山城、高知城などのように、廃城とされながら天守が保存された城郭もある。

弁護士で城郭研究家の森山英一氏によれば、「存城と廃城は城郭の所管官庁を分ける法令上の用語」で、その背景には「城郭を財産とみるフランス民法の影響があった」という（『存城と廃城』）。

この論文をもとにもう少し説明すると次のようになる。「存城は軍事上必要と認めて国家が保有するものであり、廃城は軍事上不要とされたもの」で、「存城は、従来通り陸軍省の管理に置くという意味であり、廃城は、陸軍省の管理を廃し大蔵省の管理に移すもので、不要と認められれば売却処分されるが、直ちに破壊されるものではない」。すなわち「存城と廃城は国有財産の管理区分を決めたもの」にすぎず、「城郭の建物その他の施設の維持保存とは無関係」の概念なので、「存城であっても国が維持の必要がないと認め、または兵営建設などのために改造したときは建物を改築し、あるいは取り壊し、石垣や土塁を破壊することも可能」だった。

明治政府は「フランス民法の影響」のもとに、城郭を軍用財産として使えるか使えないかという視点だけで評価し、使えなければ処分するという性急な判断をくだしたのである。しかし皮肉なことに、フランス民法の影響は受けながらも、歴史的環境は積極的に保護しようとするフランスの精神からは、まったく影響を受けていない。

フランスではすでに十九世紀初頭には、フランス革命の被害を受けた建造物や美術品の保護を目的に中世建築博物館がつくられ、中世の建築や美術への保護策が講じられるようになった。これにはじまって今日まで、フランスらしい建築の保護を核にした歴史的景観の醸成に力が入れられてきた。

対して明治政府は、城郭をたんなる封建時代の残滓、ひいては無用の長物と決めつけてしまった。ことに、城は自分たちが倒した幕藩体制の遺物だ、という考えに強く引きずられたと思われる。そういう意識のもとで、城を文化的価値判断の対象にならない財産に置き換え、処分を進めていったのである。

明治維新で主導的役割を果たした長州藩の本拠地だった萩城（山口県萩市）がいい例で、新政府が率先して天守を解体したといわれる。一方、会津戦争で最後まで新政府軍に抵抗した会津藩の会津若松城は、旧藩士たちが保存を求めて運動しても、まったく認められなかった。そんなところにも、明治政府の城郭に対する意識が表れている。

日本固有の文化や歴史的景観を守るという発想が明治政府に皆無だったことは、不幸だというほかない。日本は徳川幕府の鎖国政策のせいで、世界の動静から置き去りにされている期間が長かった。それだけに、欧米との格差を埋めることに躍起になるあまり、欧米を真似ながら、彼らが大切にしているアイデンティティの維持という姿勢には目を向けることができなかった。

当時、全国の城を保存しようとしたところで、維持にかかる費用を考えれば、すべてを対象にすることは不可能だっただろう。しかし、城を「存城」と「廃城」に分けた前後に、それを文化財としてとらえるという視点が、政府関係者に少しでもあれば、状況は違っていたのではないだろうか。新政府で主導権を握った人たち、すなわち、文化的素養に欠ける薩長の下級武士たちの限界を思わざるをえない。

## 二束三文での払い下げ

その結果、「廃城」になった城の建造物は次々と払い下げられ、それを受けて取り壊されていった。

いま述べた萩城は、「廃城」とされてまもなく払い下げが命じられ、入札が行われた結果、明治七年（一八七四）に五重五階の天守のほか櫓十四棟、城門四棟、武器庫三棟がすべて解体され、計千三百四十八円三銭で払い下げられた。このうち千十三円五十銭は天守の落札価格だったという。

三段、四段に重ねられた見事な高石垣で知られる津山城（岡山県津山市）は、五重五階の天守のほか六十もの櫓が建ちならぶ、日本を代表する平山城（平地に位置する丘や低い山とその周囲に築かれた城）だった。しかし、すべての建造物が払い下げの対象となって入札にかけられ、保存運動が起こる間もないまま、明治七年五月に千百二十五円で払い下げられた。そして、翌八年（一八七五）三月までにすべての建造物が取り壊されてしまった。

徳川家康の命による御手伝普請で築かれたはじめての城であった膳所城（滋賀県大津市）も、家康の出生地として知られる岡崎城（愛知県岡崎市）も、天守以下の建造物がみな払い下げられ、取り壊されている。

もっとも、いずれの建造物もタダ同然の金額で払い下げられたとはいえ、解体して部材を搬出する費用も落札者の負担とされたため、だれもが簡単に入札できたというわけではない。事実上、落札者は富裕層や地元の名家のほか、寺社などにかぎられた。結果として、いま挙げた膳所城と岡崎城にしても、周辺地域の寺社などに、城から移築されたと伝わる城門などが少なからず、今日まで残されている。

ところで、建物を払い下げるという発想は、欧米にはない日本独自のものである。日本の伝統工法による木造建築は、基本的に金物をもちいることなく、木材に継ぎ手や仕口と呼ばれる凹凸を加工して組み合わされている。このため解体し、他所に運んでふたたび組み上げることも容易なのである。城郭建築の払い下げは、日本建築ならではの構造が前提になっていた。

そうはいっても、天守などの大規模な建造物は城門などと違って、そのままでは使い道が見つかりにくい。ただ、使用されている部材は、一般的な建築にくらべて良材が多いうえに太くて長いので、災害等で失われていた寺院の本堂などを再建する際に使われることが多かったという。

「廃城」に分類されて払い下げの対象になりながら、天守などがすぐには解体されなかった城もある。

大洲城（愛媛県大洲市）は明治七年（一八七四）以降、払い下げの対象になった。それによって得られる資金は、家禄が全廃された秩禄処分により収入が失われて困窮する士族を救うため、士族授産の資金源にするという目的が据えられていたようだ。このため、萩城や津山城は地所や石垣、樹木などは大蔵省の所管とされたまま、建造物だけが払い下げられたが、大洲城では区画ごとに土地も一緒に払い下げられた。

すでに明治六年（一八七三）から、士族たちが愛媛県に、大洲城の外堀などの払い下げを積極的に願い出ていたことが記録されており、それが受け入れられて、かつての城地は次第に個人の所有地に変わっていった。本丸の所有者も明治九年（一八七六）以降、たびたび変遷している。それでも天守はそこに建ったままだったのだが、老朽化による荒廃が進み、明治二十五年（一八九二）までに取り壊されてしまった。

いま、こうして「廃城」とされた城の行方についていくつかの実例を挙げたが、いずれも特異なケースではない。日本の城の大半は、ほぼ同じような経緯をたどって解体されたのである。

一方、「存城」に分類されながら、建造物がことごとく払い下げられ、解体、移築されてしまった城もある。前述の会津若松城のほかに、南部氏の居城で東北地方では珍しく総石垣で築かれていた盛岡城（岩手県盛岡市）も、明治七年（一八七四）、天守代用の三重櫓をふくむほとんどの建物が払い下げられた。そのときに移築されたり部材を再利用したりしたと伝わる城門や土蔵などが、現在も市内の少なくとも八カ所に確認されている。

## 粗雑にあつかわれた「存城」

陸軍省が管轄した「存城」とは、すでに述べたようにあくまでも軍用財産だった。そして現実に、戦争の舞台になった城もあった。

明治十年（一八七七）の西南戦争では、熊本鎮台が置かれた熊本城に政府軍が籠城し、西郷隆盛に率いられて東京をめざす薩摩士族一万三千人を迎え撃った。五十日を超える攻防戦で、熊本城は敵兵を一歩もなかに入れずに持ちこたえたが、それに先立って、籠城が決まった五日後の二月十九日、本丸御殿の周辺から出火し、御殿のほか大小天守や五階櫓、三階櫓など多くの建造物が焼失してしまった。

また、鹿児島城（鹿児島県鹿児島市）は同年九月二十四日、西南戦争の最後の決戦となった城山の戦いの舞台となり、大きな被害を受けた。すでに明治六年（一八七三）には、本丸などが焼失していたが、二の丸などに残っていた建造物もすべて焼けてしまった。

一方、維新を迎えた時点で天守があり、その後「存城」に分類された城は、弘前城、水戸城、松本城、名古屋城、彦根城、和歌山城、姫路城、岡山城、広島城、松江城、丸亀城、宇和島城と、天守（および代用の三重櫓）が保存された事例が多い。しかし、たとえ天守は残されても城郭全体に目を向けると、どの城も陸軍の都合で大きく破壊されている。

たとえば名古屋城は、「存城」に分類される前年の明治五年（一八七二）には、城域すべてが軍用地となって、陸軍東京鎮台第三分営（翌年に名古屋鎮台、明治二十一年に第三師団に改組）が置かれた。このために練兵場や兵舎などを設置する必要が生じ、三の丸と二の丸の建物はほとんどが撤去されている。二の丸には藩主の屋敷と藩の政庁を兼ね、規模が本丸御殿の三倍にもおよんだ二の丸御殿が建っていたが、すべて解体されてしまった。

ほとんどの建物が残されたと思われている姫路城にしても、例外ではなかった。「存城」とされた翌年には、陸軍大阪鎮台の歩兵第十連隊の駐屯地になったため、三の丸に建ちならんでいた御殿群は、兵舎を建てるためにすべて取り壊されてしまった。どの城でも、政庁と藩主の住居を兼ねる御殿は広大な面積を有しており、撤去すれば広い敷地が確保できたため、取り壊しの対象になりやすかったのである。また、大手門をはじめ複数の櫓や門が入札にかけられている。

取り壊されなかった天守も、たいていの城では修理されないまま放置されたために荒廃した。高松城の三重四階の天守は、せっかく払い下げを免れながら、明治十七年（一八八四）に老朽化を理由に取り壊されてしまった。

城内に残された建造物が、時間をへたのちに移築される事例も絶えなかった。

黒田長政が建てた福岡城の天守が、すでに江戸時代初期には取り壊されたという話はすでに書いた。その後は福岡城のシンボルといえば、二棟の三重櫓が多門櫓で連結された本丸の武具櫓で、これは明治十九年（一八八六）、城地が陸軍歩兵第二十四連隊の駐屯地となってからも残されていた。ところが明治末年から大正にかけ、武具櫓に加えていくつかの櫓などが、福岡市内の黒田家別邸などに移築され、さらにその別邸が空襲に遭って、武具櫓は焼失してしまった。

「存城」と「廃城」に分けられた城がいかに翻弄されてきたか、ここまでの記述で伝わったと思う。すでに述べたように「存城」だからといって、城が保存されるわけではなかったが、「廃城」になるよりはマシだったともいえる。しかし、いったん決められた「存城」の地位も安泰ではなかった。

明治政府は明治二十一年（一八八八）、それまでは国内の守備を主な任務としていた鎮台を、海外で戦うことも念頭に置いて、ドイツ式の師団にあらためた。こうして規模が拡大された師団にとっては、既存の城は手狭になり、「存城」はその必要性が急速に薄らぐことになったのである。かといって練兵場などを新設するためには資金不足であったため、陸軍省は「存城」の払い下げを検討しはじめ、明治二十二年（一八八九）以降、十九城が旧城主などに払い下げられることになった。

しかし、こうして払い下げられたのちに、ふたたび翻弄される城もあった。

駿府城は明治二十四年（一八九一）、静岡市に払い下げられて公園になったが、同二十九年（一八九六）には再度国有化されて歩兵第三十四連隊が置かれた。そのために本丸は、建造物こそすでになかったものの天守台などが破壊され、堀もすっかり埋め立てられてしまった。

また、山形城（山形県山形市）は払い下げを受けた旧城主の水野忠弘が、城地を分割して売却したが、その後、山形市が寄付金を集めてその土地を買収し、造成して陸軍省に献納している。結果として、山形城の本丸も駿府城と同じように、石垣が壊され堀は埋められてしまった。

このような事例を挙げていくと、紙数がいくらあっても足りない。まとめていえば、こういうことだ。

日本の城は明治維新を契機に、取り壊されるのが標準という受難の時代を経験し、かろうじて残った城も先述のとおり、空襲や原爆で壊滅的な被害を被ったのである。米軍の攻撃による被害については、天守が失われた例を中心に述べたが、櫓や門をはじめ城郭建築全般が甚大な被害を受けたことはいうまでもない。

# 第二章　生き残った城たち

偶然の連鎖で救われた姫路城

前章では、ある時期に急激に規模が拡大し、各地に天守が林立した日本の城が、幾度もの受難に遭遇して往時の姿を失うまでを、シンボルである天守を中心に見てきた。この章では、かろうじていまに残された城郭建築は、どうやって生き延びてきたのかを確認する。

明治政府が当初、城に価値を見出さなかった影響はとくに大きかった。国宝に指定されている天守でさえ、残されるべくして残ったとはとてもいえない。破壊される寸前で、偶然が重なったり、先見の明がある有志が現れたりして、かろうじて保存されたにすぎない。世界遺産の姫路城でさえ、廃屋寸前まで追い込まれた時期があったのである。

# 一　城の消滅を惜しむ声

## 保存意識の芽生え

明治政府が最初に保存を決めた城は彦根城だった。しかし、そこにいたる経緯には、かなりの偶然が関与していた。現在、国宝に指定されている彦根城天守も、明治十一年（一八七八）九月には解体されることが決まり、翌十月には解体用の足場まで架けられていた。ちょうどそのタイミングで、東海北陸巡幸を終えた明治天皇の一行が彦根近郊に宿泊しなければ、彦根城天守は現存していなかったかもしれない。

このとき、巡幸に随行していた参議の大隈重信が城に立ち寄り、まさにいま解体されようとしている天守を見て惜しいと思い、保存できないかと天皇に奏上した。その結果、天皇は大隈の意見に同意し、費用が下賜されることになって、天守以下いくつかの建造物の保存が決まったのである。

ただ、大隈が彦根城の保存に努めた背景には、森山英一氏の『城郭保存運動の原点』によれば、事前の働きかけがあったという。森山氏の記述に沿って説明したい。

明治政府は、明治六年（一八七三）にウィーンで開催される万国博覧会への出品物を選定するため、調査官を東海および近畿地方に送った。そのときの調査対象は社寺で、城郭の検査は予定されていなかったが、調査官らは名古屋城も検査した。

当時の名古屋城には東京鎮台第三分営が置かれて六番大隊が駐屯し、すでに二の丸にあった御殿以下の建造物は取り払われていた。兵舎として使われていた天守も荒廃しつつあり、このままでは早晩、本丸の天守や御殿なども、兵舎の建設のために取り壊されてしまうことが危惧されたという。事実、第三分営長だった陸軍少佐の乃木希典はすでに、内務を遂行するうえで不都合な天守をはじめ櫓や多門、御殿等を売却し、その代金で兵営を新築するように願い出ていた。

そこで検査官らは、名古屋城だけでなく、国内の城郭全般を保存することについても、意見を具申することにした。その際、意見の提出先が博覧会御用掛の筆頭、大隈重信だったのである。

同年六月七日付の意見書は、伊勢（三重県東部）の松坂出身で宮内少丞だった世古延世と、薩摩（鹿児島県）藩主島津家の門族出身で、文部大丞だった町田久成によるもので、筆者は町田だったと考えられる。意見書では、イギリスではすでに実用に供していないロンドン塔が、史跡として保存されている事例が引き合いに出されており、それは町田が留学したときに観たものだった。

同じ年の一月、すべての城郭が「存城」と「廃城」に分けられたばかりで、折しも、城に残された建造物の払い下げと取り壊しの嵐が、全国で吹き荒れていた時期と重なった。しかし、政府はこの意見書を無視することはせず、陸軍省の裁量だけで城を取り壊すことを禁じている。同年四月に駐日ドイツ公使、マックス・フォン・ブラントが名古屋城を見学し、天守の壮麗さと本丸御殿の障壁画の美しさを讃嘆した影響も加わって、陸軍省も名古屋城の本丸を早急に取り壊すことを躊躇したようである。

むろん大隈も、自身に宛てて出されたこの意見書に賛同していたから、彦根城を保存するために動いたのだろう。

続いて、明治十一年（一八七八）十二月には、陸軍省内で軍施設の営繕などを担当する第四局の局長代理だった中村重遠大佐が、名古屋城と姫路城の保存を求める上申書を陸軍卿の山縣有朋に提出した。彦根城の保存が決まったことに触発されての行動だったようで、明治十二年（一八七九）九月には陸軍省と内務省、大蔵省とのあいだで、名古屋城と姫路城の永久保存が決められたのである。

もっとも、保存のための予算は太政官調査局の査定をへて大幅に削られ、この時点では城の保存に向けた道のりは、まだまだ厳しいままだった。

## 姫路城を救った偶然の連鎖

平成五年（一九九三）十二月に、法隆寺とならんで日本ではじめてユネスコの世界文化遺産に登録された姫路城も、いま述べたとおりの経緯で永久保存が決まった。とはいえ、保存に向けた前向きな取り組みがはじまるまでには、それからかなりの時間を要している。

姫路城の保存に向けての表立った意見は、明治十年（一八七七）、陸軍少佐の飛鳥井雅古が、天守の保存についての伺いを提出したのが最初だと思われる。これを受け、前述したように、中村重遠から名古屋城と姫路城の保存に向けた意見書が提出された。その結果、永久保存の方針こそ定められたものの、それに要する費用に関しては、わずかな一時金が支給されたにすぎなかった。したがって、大天守地階の補強工事などが行われはしたが、予算がまったく足りず、大規模な修理は行うべくもなかった。

このため天守も櫓も荒れ果てるにまかされることになった。明治中期に撮影された古写真を見ると、天守の屋根には雑草が生い茂り、瓦はずれ落ちて壁は剝落し、まるで廃屋のようである。大天守と東小天守を結ぶ「イの渡櫓」西側にいたっては、壁も屋根も崩れ落ち、倒壊寸前のように見える。

この惨状を憂うる市民のあいだで姫路城を救うための運動が起き、明治四十一年（一九〇八）に白鷺城保存期成同盟会が結成された。その参加者らが国などに熱心に働きかけたのと同時に、姫路藩士の六男だった時の陸軍次官、石本新六中将の尽力もあって、ようやく同四十三年（一九一〇）から四十四年（一九一一）にかけて、保存のための本格的な修理がはじめておこなわれたのである。

それは、江戸時代における最後の修理、すなわち、屋根の補修が行われた記録がある文久元年（一八六一）から、およそ五十年もの空白期間を経たのちのことだった。これ以上放置されれば、かなり危険な状況だったようだ。

それでも、西の丸は歩兵第十連隊の管轄下にあったので、修理の対象から外れていた。このため、西の丸の櫓や多門などは、軒が崩れ壁は破れるなど倒壊の危険性が生じ、修理の請願が何度も出されることになった。その挙句、大正八年（一九一九）にようやく修理されるというありさまだった。

結局、より本質的な保存に向けた動きは、昭和四年（一九二九）に国宝保存法が制定されるのを待たなければならなかった。それまでの古社寺保存法の下では、文化財保護の対象は古社寺にかぎられていたのだが、国宝保存法によって対象が城郭などの世俗建築にも広がると、昭和六年（一九三一）一月にまず天守が、続いて十二月に七十四棟の現存建造物が旧国宝に指定された。

これを受け、昭和十年（一九三五）から三十三年（一九五八）まで、戦争による中断をはさんで大修理が実施された。あと一歩で手遅れになりかねないほど、姫路城は崩壊の危機にさらされていたのである。

だが、その前に、保存が決められながら焼失した名古屋城と同様、空襲によって灰燼に帰する危険性があった。事実、姫路市は昭和二十年（一九四五）の六月二十二日、および七月三日深夜から四日未明にかけての二回、大規模な空襲に遭っている。前者は主として川西航空機姫路製作所をねらったものだったが、後者では飛来したB29爆撃機が約二時間にわたって姫路市全域に焼夷弾を落とし、総戸数の四〇％が焼失している。

その際、姫路城も、あえて攻撃の対象から外された、というわけではなかったようだ。神戸新聞などの報道では、大天守最上階南側の床板上から、窓を突き破って着弾した焼夷弾の不発弾が見つかったという。西の丸からも二つの焼夷弾が見つかっており、現在、千姫ぼたん園になっている旧三の丸の本城跡にあった旧鷺城中学校は、校舎三棟が焼夷弾攻撃で全焼している。姫路城に大小天守をはじめ多くの建造物が残ったのは、奇跡と呼ぶほかないような偶然が重なった結果だと思われる。

## 二　民間の有志と篤志家の存在

### 博覧会が守った松本城

有志の働きかけによって守られたというケースもあった。その一例が、国宝に指定されている松本城天守である。

明治四年（一八七一）の廃藩置県後、全国の城郭がいったん兵部省（明治五年二月に廃止され、陸軍省と海軍省が置かれた）の管理下に置かれると、同省の官吏だった山縣有朋らが松本を訪れ、松本城の本丸や天守、武器庫などを引き継いだ。ちょうどそのころから、櫓や門の取り壊しがはじまっている。

同じ時期に天守もまた入札されたのだろう。同五年（一八七二）十月に発行された

『信飛新聞』第一号には、「松本城内天守櫓入札御払下ゲ仰セ出サレ、代金二百三十五両一分、永百五十文ニテ落札相成タリ」と、天守が落札された旨が記されている。

それ以上の情報がないため、だれが天守を落札したのか、実際に民間の手に渡ったのか、具体的なことはわからない。だが、天守が落札されること自体は、当時の状況下では少しも珍しくなかった。

この事態を受けて、ある提案を申し出た人物がいた。松本城下の名主の家に生まれ、右に記事を引用した『信飛新聞』を創刊した市川量造である。それから一カ月が経過した明治五年十一月、市川は当時の筑摩県（主に現在の長野県中信、南信地方、および岐阜県飛驒地方）に宛てて、本丸および天守で博覧会を開催することを建言。「落札金員三百三十余両ハ、同志ヲ募リ献納イタシ、併セテ地租等モ相納可申候間、自今十ヶ年右破却ノ命ヲ弛、拝借被仰付様支度」と申し出ている。

要するに、天守の落札額は同志を募って資金を集め、ちゃんと納めるので、今後十年ほどは天守を壊さずに自分に貸してもらえないか、と願い出たのである。

折しも翌明治六年一月に、いわゆる「廃城令」が出される直前だった。このため筑摩県も、陸軍省の方針を見きわめる必要があったのだろう。市川の建言は、一度は拒否されている。しかし、同じころ松本城は「存城」と決まり、その後、ふたたび出された市川の提案は、今度は受け入れられた。筑摩県権令の永山盛輝がすぐに陸軍省にうかがいを立て、同年十月に許可されている。

こうして翌十一月には本丸と天守を会場に、第一回博覧会が三十日間の予定で開催された。『信飛新聞』第十一号によれば、毎日四千人から五千人の来場者があり、予定された会期は十日ほど延長されたという。こうして博覧会は、明治九年（一八七六）に筑摩県が長野県に合併されるまで計五回開催され、その会場となった松本城天守は当面、破却を免れることになった。

松本城天守

市川量造は前出の永山に宛てた文書に、博覧会の意義について「人々の開智の益少なからず」と書いている。すなわち彼の目的は、あくまでも博覧会の開催をとおして人々を啓発することにあり、天守の保存を第一義的に考えていたわけではない。しかし、こうして天守を会場とし、訪れた人にその存在を意識させた意義は大きかったといえよう。

しかし、博覧会が開催されなくなると、天守は破却こそ免れながらも荒廃が進んだ。その後、市川量造らも加わって明治十三年（一八八〇）に松本農事協会ができ、本丸を県から借り受けて農業実験場として使うようになったが、その間も天守は土台支持柱が腐食するなど、いよいよ荒れていった。

幸いしたのは明治三十二年（一八九九）十二月に、本丸が松本中学校の運動場として使われると決まったことだった。翌年二月、いよいよ本丸が運動場になると、最初はその敷地を拡大するために堀の埋め立てを主張していた小林有也校長のもとに、天守の存続を危ぶむ住民の声が寄せられた。

小林はこれを受け入れ、東筑摩郡長や松本町長とともに松本天守閣保存会を発足した。結果として、明治三十六年（一九〇三）から大正二年（一九一三）まで、足かけ十一年におよぶ本格的な修理が行われることになったのである。

国家が保存すると決めた城でさえ、存続の危機に見舞われたのが明治という時代である。それ以外の城が生き残るためには、旧物への逆風に逆らう篤志家の存在が不可欠だったといえよう。

今日考えるような文化財への保存意識が、彼らにあったわけではない。しかし、天守という高層の木造建築はシンボリックで、地域のランドマークにもなりうる。そもそもて貴重である。市川や小林には、そのことに気づく冷静さがあったということだろう。資材を集める点からも、建築技術の点からも、簡単には建てられないという一事においることは、

## 松江城天守百万円也

平成二十七年（二〇一五）に国宝に指定された松江城天守も、もう少しで取り壊されるところだった。

松江城は明治六年（一八七三）一月の、いわゆる「廃城令」で存城になりはしたものの、すべての建造物を払い下げ、解体することが決まってしまう。事実、所管していた広島鎮台の判断によって、明治八年（一八七五）五月に払い下げの入札が行われ、天守以外の建造物は、九棟あった櫓をはじめ門から三の丸御殿まで、すべてが民間に払い下げられることに決まった。実際、その年のうちに解体されてしまい、落札された金額は米一俵が三円弱だった当時、一棟につき四円から五円程度にすぎなかったという。

その際、天守の入札も行われ、百八十円（現在の貨幣価値で百万から百二十万円程度か）で落札されている。

じつは、松江城でも明治六年（一八七三）、陸軍省長官宛てに博覧会の開催が申請さ

れ、実現していた。櫓の内部などに工業製品が展示され、このときはじめて天守が一般に公開されたという。もっとも、この博覧会自体は建造物の保存に結びつかなかったのだが、天守に関しては落札後、解体を前に立ちはだかる人物が現れた。

元松江藩士で銅山の経営指導にあたる銅山方だった高城権八は、天守が落札されたという話を聞くと、松江藩のもとで銅山の採掘に携わり、財力に恵まれていた豪農、勝部本右衛門栄忠と景浜の父子に相談した。幸いなことに、栄忠は和歌や書画に通じた文化への理解者で、景浜にも社会貢献の素養があった。勝部父子は高城の呼びかけに理解を示し、落札金額と同額を広島鎮台に納め、天守を百八十円で買い戻している。

このときの事情は『島根縣史』九の、次の記述で確認できる。「明治八年五月広島鎮台は工兵大尉斎藤直演を派出し千鳥城の諸建造物並に三ノ丸殿を入札払とし之を取去らしめんとす、(中略)元出雲郡の豪農勝部本右衛門藩士高城権八等と相議り落札高の金を納めて天守閣破壊は辛ふじて免れたるも其他の建造物は日ならずして解き払はれ荒涼たる廃墟を現出せり」。

天守だけは残ったが、ほかの建物がみな失われ、城跡は廃墟になってしまったという内容である。

しかし、取り壊しこそ免れた天守だったが、やはり放置され、荒廃が進むにまかされた。明治二十年代中ごろに撮影されたと思われる古写真をみると、漆喰ははげ落ち、屋根瓦は随所で破損し、下見板（横板の上下を少しずつ重なり合うように張った外壁）は損壊し、二重目の大入母屋の軒は波打ち、そのうえ屋根には穴が開き、このままでは天守全体が倒壊しそうな様相である。

明治十九年（一八八六）四月二十四日付の『山陰新聞』には、「松江城天守閣の追年破壊し居て周囲は草茫々恰かも狐狸の巣窟となれるのを夫々修繕を加えて公園と為し」と書かれている。キツネやタヌキの巣窟のようになっていたという表現からも、天守の荒廃ぶりが伝わるが、一方で城地を公園化する案があったことがわかる。

保存に向けての契機になったのは明治二十三年（一八九〇）、陸軍省にとって不要となった全国十九の城址が、旧藩主や自治体に払い下げられたことだった。四千五百円で松江城の払い下げを受けた旧藩主の松平家は、城山事務所を開設して城址を千鳥遊園として開放することを決め、園丁とともに天守の看守を置いた。

同時に、県知事も松江城天守閣旧観維持会を組織して、募金などをはじめ、荒廃した天守の修理に向けた準備が進められることになった。そんな折、明治二十五年（一八九二）夏の集中豪雨で、損壊が進んでいた天守はさらに甚大なダメージを被ったようで、翌明治二十六年六月から十一月にかけて大修理が実施された。

こうしてようやく、松江城天守も保存へ向けて歩みはじめた。

しかし、気になるのは、ここまで紹介したような保存へといたる経緯が確認できる史料といえば、松本城もそうだったが、新聞が中心であることだ。すなわち、官側の記録が乏しいのである。それは、官側が城をどうでもいい対象と見なしていたことの証左であろう。同じ理由で全国の多くの城郭に関し、どのような経緯で建物の払い下げが決められ、実行されたのか、確認するのが困難なのである。

## 旧藩士の悲願――明石城三重櫓

天守ではないが、明石城で二棟の三重櫓が保存されることになった経緯も見ておきたい。第一章でも少し触れたが、元和の一国一城令が発布されたのちに、例外として新規に築城された明石城には、天守台が築かれながら天守は建てられなかった。その代わりに、本丸の四隅には三重櫓が建ちならんだ。そのうち南西の坤櫓と南東の巽櫓の二棟が現存し、国の重要文化財に指定されている。

# 新刊案内

2024

## 12月に出る本

新潮社
https://www.shinchosha.co.jp

明治六年（一八七三）の俗にいう「廃城令」で廃城となり、大蔵省の所管とされた明石城に関し、兵庫県は明治九年（一八七六）、櫓や門など建造物の入札を実施している。このとき高橋房男という旧藩士が三重櫓を落札して保存する意思を示したが、どうしたことか、県はその布達を取り消してしまった。高橋は抵抗したが、県から櫓は取り壊さずに保存するからと説得され、引き下がるしかなかったという。

これを機に旧藩士らは、残った三重櫓を旧藩時代の唯一の遺物として「永世に保存」すべきだと県に上申し、城址を公園にするために有力者らに働きかける活動をはじめた。そこに問題が発生したことを、当時の『東京日日新聞』が報じている。

明治十四年（一八八一）、兵庫県は士族らと交わしていた約束を破り、建設が予定されていた相生小学校の建築用材として、本丸北東の艮櫓を払い下げ、関係者が人夫を連れて現れて、一方的に解体をはじめたのである。これに反応したのが旧藩士の士族たちで、五百名余りが集結して各地で評定を開き、兵庫県に嘆願書を提出。それが受け入れられなければ、明石城に籠城する、櫓に火をつける、という構えまで見せたという。

八月十六日付で、士族総代の宮崎柳太郎ほか十四名が兵庫県令の森岡昌純に出した「当城内現状保存の儀願」には、次のように書かれている。

「当城内の儀は海辺の名区にして清雅なること近隣地方に稀なるを以て、雅客は素より洋人も屢々来遊する所なり、且該城櫓の如きも大に風致を助くるが故、之を永遠に保存し長く我国の名勝を失はざる様仕度、吾々士族の兼々熱望に堪へざる所に御座候」。つまり、明石は近隣の地方には稀な美しい海浜の風景を誇っており、明石城の櫓もまたその景観を大いに助けているので、永遠に保存してほしいという願いである。

兵庫県令からは、櫓の維持方法などを決めたうえで再度提出するように指令があり、士族ら有志四十六名があらためて、城址を公園とすることで櫓も保存するという案を提出。これが受理され、二年後の明治十六年（一八八三）五月、官有地のまま民営の公園を開設することが許可され、そのなかで現存する巽櫓と坤櫓が保存されることになった。ただし、このときは残された本丸北西の乾櫓は、明治三十四年（一九〇一）の修理の際に解体され、巽櫓と坤櫓を補修する際の部材に使われてしまった。

それでも、櫓が補修されただけでも大きな前進だった。県は当初、保存を口にしながら、あくまでも不要な城郭建造物はすべて払い下げ、取り壊す方針だった。それを地元の住民に押し切られて変更したのである。

このような経緯をみると、以下のような構図が浮かぶ。民間には歴史的な景観を急激に変更することへの違和感が強かったものの、官側がそのことを歯牙にもかけず、城郭建築をただの過去の遺物とみなし、躍起になって撤去しようとしていた――。

現実には、時の「官」が手本にしていたヨーロッパでは、封建領主や絶対君主がいなくなったために無用になった城郭も宮殿も、貴重な史跡として保存するという文化がすでに根づいていた。ところが、日本の官は残念ながら、ヨーロッパの外面は真似ながら、それを支える文化的精神に気づくことができなかった。

明治期に日本の城が受難した根源的な理由はそこにある。お上の伝統や文化に向かう姿勢が薄っぺらだから、有志らが力を尽くさないかぎり、取り壊されるか朽ち果てる運命にあったのである。

助かった備中松山城天守

### 搬出しにくかった備中松山城

反対に、だれも手を尽くさず、放置されたために残った天守もある。

標高四百三十二メートル、麓からでもおよそ三百五十メートルという非常に険しい山上に築かれた備中松山城には、山城で唯一、天守が残されている。藩主の水谷勝宗が天和元年（一六八一）から城を大改修したとき、現存する二重二階の天守が建てられたと考えられている。しかし、明治六年（一八七三）に太政官達のいわゆる「廃城令」で廃城になると、陸軍省から大蔵省に移管されて、城内の建造物は払い下げられることになった。

この城は江戸時代には珍しくなっていた本格的な山城で、藩政や藩主の生活の拠点になっていたのは、山麓の根小屋御殿だった。山麓の建築群はすぐに払い下げられ、取り壊されて跡地は岡山県立高梁中学校の用地になったが、山上の天守や櫓、門などは、解体して搬出するにもかなりの手間と費用がかかる。このため、取り壊されず放置されることになったようだ。

そうこうするうちに、明治十四年（一八八一）には、山上の城地が農商務省（のちに農林省）の管轄へと移管され、中世の城郭遺構が残る臥牛山とともに、一帯が国有林として管理されることになった。それ以後は、山中の建造物は存在しないも同然にあつかわれたためさらに荒れ放題となり、大手門のほか二の丸、三の丸の門や櫓は次々に倒壊していった。

山小屋として使われていた本丸の天守や二重櫓のほか、平櫓である八の櫓や六の櫓は、大正末年までかろうじて残ったものの、荒廃ぶりはすさまじかった。昭和初期に撮られた天守の写真が残っているが、屋根は落ち、壁には穴が開いて建物の向こう側が見える。西側の渡櫓も東側の突出部も、すでに失われているようだ。倒壊寸前の姿に唖然とさせられる。

だが、ぎりぎり間に合うタイミングで救世主が現れた。昭和二年（一九二七）、前出の高梁中学に歴史の教諭として赴任した信野友春である。信野は松山城と城下の研究に取り組み、何度も山上に登って天守の構造を確認しては、その寸法を測るなど、さまざまな記録を集めて『備中松山城及其城下』を刊行した。この本が町の内外で大きな反響を呼んだのがきっかけで、高梁町は城の保存に乗り出すことになったのである。

昭和三年（一九二八）十二月には、新見営林署から二重櫓を修理する許可が下り、六の櫓の古材をもちいて解体修理が行われた。もっとも、文化財ではなく、「火の見台兼造林人夫収容小屋」としての修理ではあったが。続いて高梁町長が文部大臣に、松山城址の史跡および天然記念物保存指定を申請。大阪営林局長にも城址の使用許可を求めるなど、町を挙げて保存への動きが活発になった。

その後、昭和十二年（一九三七）に、城の復旧支援を目的とした高梁保勝会が結成されると、昭和十四年（一九三九）にようやく、天守の解体修理と土塀の補修工事に漕ぎつけることができた。

こうして天守は、昭和十六年（一九四一）に旧国宝の指定を受けることになったが、倒壊するか、旧国宝に指定されるか、一刻の猶予もない間一髪のタイミングだったといえる。間に合ったのは信野の力に負うところが大きいが、城が不便な山上になければ、とっくに払い下げの対象になり、解体されてしまっていたに違いない。

戦災をまぬかれながら戦後に災害に遭い、その後、再生したという事例も紹介しておきたい。福井県の丸岡城天守である。

この天守は一時、初期天守の外観に近いことから、日本最古の天守ではないかといわれた時期もあった。しかし、慶長十八年（一六一三）の絵図には天守台が描かれながら天守の姿はないので、それ以降の建築だという主張もあった。そこに近年、柱などの部材の伐採年代を年輪年代測定法で測るという調査が行われ、伐採されたのは寛永三年（一六二六）だという結果が出たため、寛永期以降の建築だと考えられるようになっている。

この小規模な二重三階の天守も、明治四年（一八七一）以降、競売の対象になった。

ただし、落札者が現れながら、結果として使い道がなかったために放置されたようである。その後、明治三十四年（一九〇一）には所有者が旧丸岡町に寄付して、町有の公会堂になっている。昭和九年（一九三四）には旧国宝に指定された。

被災したのは昭和二十三年（一九四八）六月二十八日のことだった。マグニチュード七・一の福井地震に見舞われ、震源から五～六キロと近かったこともあって、石垣もろとも完全に倒壊してしまったのである。

しかし、戦前に旧国宝に指定されていたのが幸いしたといえる。倒壊する六～八年前にあたる昭和十五～十七年（一九四〇～四二）に解体工事が行われ、それに先立って作成された実測図が、奈良文化財研究所に保管されていたのだ。また、調査記録や百六十六枚もの写真が、工事主任技師であった竹原吉助氏の自宅に残されていた。

むろん、倒壊した天守の部材は、柱も梁も折れたり裂けたりと大きく損傷してはいたが、図面や記録、写真があったために、一本一本を補修してもとの位置を確認しながら、四年をかけて震災前の雄姿を取り戻すことができたのである。

ここまで、なんらかの力を得ることで、天守などが保存された事例をいくつか挙げてきた。しかし、もはや価値がない遺物と判断されて二束三文で払い下げられ、そこまでの経過がほとんど記録されることなく解体され、消えていった天守が圧倒的に多いことを忘れてはならない。

# 第三章　天守再建ブームの光と影

廻縁がつけられた小田原城天守

全国の城には現存する十二棟のほかに、七十棟前後の天守が建っている。建てられた背景には総じて、失われた天守を都市のシンボルとして再生したい、という願いがあったと考えられるが、建ったものの質はじつにまちまちである。

戦災で失われた天守が、戦後復興のシンボルとして再建された場合は、かつての外観は復元しながら、二度と焼けないように鉄筋コンクリート造が選ばれた。ただし、外観の精度となると、城ごとにかなりの温度差があった。

明治時代やそれ以前に失われた天守が再建されたケースも少なくない。だが、その際も史実が置き去りにされたり、観光目的で歴史的意匠が変更されたりすることがあった。再建ブームに乗じて、天守がなかった城に天守が建つことさえ珍しくなかった。

この章では、史実と虚構がないまぜになっている再建天守の現況を詳細に述べ、史実を軽視した過去の判断への批判も加えたい。

## 一　戦争で失われた天守再建の実態

### 戦後復興のシンボル

再三述べてきたが、日本の城郭史上において、数多くの天守が建てられた。築城ラッシュが続いた慶長十四年（一六〇九）だけで、二十五もの天守が新築されたという記録も残されている。それなのに、太平洋戦争末期の時点で残されていたものは二十にすぎなかった。しかし、ここまで見てきたように、城郭をめぐる歴史を考えれば、わずかしか残っていないのも仕方ないと思えるのではないだろうか。

むしろ天守は城のシンボルだったので、ほかの建造物よりは保存されるケースが多かったともいえる。櫓や門などは大抵の場合、価値の有無などまったく顧慮されることなく二束三文で払い下げられ、一部の例外を除いて保存運動の対象にもならなかった。

ましてや大きな敷地面積を有する御殿にいたっては、練兵場や兵舎の敷地を確保するため、あるいは役所や学校などを建設するために、ほとんどの城でなんの配慮もなく取り壊されてしまった。

しかし、城郭も徐々に、史跡または文化財としてとらえられるようになっていった。

明治二十二年（一八八九）、陸軍省が多くの「存城」の公売を検討したとき、文部大臣だった森有礼はそれに異を唱え、城郭を文部省に移管したほうが有益だという考えを閣議に諮っている。森山英一氏の『城郭保存運動の原点』によれば、森は「旧城地ハ本邦古今ノ軍事上及歴史上ニ於テ重要ノ関係ヲ有スルノミナラス帝国ノ観光ニモ亦重要ノ関係ヲ有ス、決シテ輙ラク之ヲ一個人ノ私有ニ帰セシムヘカラス」と述べたという。

すなわち、城郭に歴史的な価値を認めたうえで、観光資源としても有効であることを見出していたのである。森はこれを提起した二十日余りのち、国粋主義者に暗殺されてしまったが、森の提起が検討されていれば、もっと早くに守られる城郭もあったことだろう。

また、すでに実例も示したように、民間サイドには早い時期から、天守などの保存をめざす動きも起きていたが、そのような流れに突き動かされるように、文化財保護のための法整備も、少しずつではあるが進んでいった。

有形文化財の保護について最初に定めたのは、明治三十年（一八九七）に制定された「古社寺保存法」だった。ただし、この法律の趣旨は廃仏毀釈によって破壊された文化遺産の保護にあったため、対象が古社寺の建造物および宝物にかぎられていた。

　それから二十年余り、大正八年（一九一九）にようやく、史跡の保護を目的とした「史蹟名勝天然記念物保存法」が制定された。城郭もはじめて保護や保存の対象となり、大正十一年（一九二二）に五稜郭（北海道函館市）、昭和三年（一九二八）には姫路城が指定されている。その後、対象は和歌山城、松本城、名古屋城へと順次広がっていった。

　続いて昭和四年には、「古社寺保存法」に代わって「国宝保存法」が制定され、建造物や宝物など保存の対象が、古社寺に限定されることがなくなった。その結果、翌昭和五年には名古屋城の天守や本丸御殿など二十四棟が、城郭としてはじめて国宝に指定されている。

　ちなみに、戦後の昭和二十五年（一九五〇）に制定された現行の「文化財保護法」は、「国宝保存法」と「史蹟名勝天然記念物保存法」を統合してつくられた法律である。「国宝保存法」のもとでの国宝は、「文化財保護法」では重要文化財に該当し、今日では重要文化財のなかでもひときわ価値が高いものが国宝に指定されている。このため「国宝保存法」下における国宝は旧国宝と呼ばれる。

さて、文化財保護に向けての法整備がようやく進むにつれて、史跡の整備や建造物の修復が着実に行われたうえで、将来にわたって保存されるための条件が、はじめて整おうとしていた。

ところが、それからわずかののちに、昭和二十年（一九四五）の戦災で、日本の城郭は史上最大の甚大な被害をこうむることになってしまった。残った二十棟の天守のうち七棟が焼失したのは、第一章で述べたとおりである。町屋が建ちならぶ城下町からいつも遠望できた天守が一瞬にして消滅したことの衝撃は、計り知れないものだっただろう。

いうまでもないが、戦災の被害を受けたのは天守にとどまらなかった。たとえば名古屋城の場合、大小天守や本丸御殿以下、二十四棟の建造物が旧国宝に指定されていたが、西南隅櫓、東南隅櫓、西北隅櫓、表二之門をのぞく二十棟が、五月十四日の大空襲により焼失してしまった。

しかし、戦災で失われた七棟の天守のうち、水戸城の三階櫓をのぞく六棟は、戦後二十年あまりのうちに再建された。

城、わけても天守は、明治維新後の不幸な受難の時代が遠くなるにつれ、次第に地域の誇るべきシンボルとして認識されるようになっていた。そうである以上、それが戦災で失われた都市において、戦後復興の象徴として再建しようとする動きが生じたのは、自然なことだった。こうした動向は戦後の復興が進み、経済白書に「もはや戦後ではない」と記された昭和三十一年（一九五六）前後から活発化した。

## 先陣は原爆で倒壊した広島城

先頭を切って再建されたのが、昭和三十三年（一九五八）三月に竣工した広島城天守だった。

戦災で失われて再建された六棟の天守すべてに共通するのは、鉄筋コンクリート造による外観復元だ、という点である。空襲などの記憶がまだ生々しい時期であっただけに、二度と焼失することなく、ずっとその地にそびえるようにという願いから、耐火性能を優先して木造は意識的に避けられた。

当時、鉄筋コンクリート造は耐火性が高いだけでなく、耐久性に関しては半永久的だと考えられていたのである。戦後に定められた建築法規のために、木造建築を建てるにあたっての制限が大きくなっていたという事情もある。

とくに原爆の爆風で倒壊した広島城天守に対しては、地元の思いも複雑だったようだ。再建の構想が持ち上がったとき、広島県文化財専門委員会では反対意見が多数を占めたという。その理由は「原爆で廃墟になった広島城の姿にこそ文化財としての価値がある」というものだった。

また、いざ再建が決まってからの話としては、当時はむしろ木造のほうが建設費用を安く抑えられたのだが、「火災に弱い」という理由で選ばれなかった。一方、鉄筋コンクリート造にすれば、内部は博物館として活用できる。そこで、外観だけは焼失前の姿を忠実に再現する、という方針が定められた。

幸い、戦前に国が作成した実測図が残っていた。それを土台にして、ごく細部のデザインや寸法は、古写真のほか同じ時代に建てられた現存建造物などを参考にしたという。

その結果、鉄筋コンクリート造ながら外壁には下見板として木材が張られ、とりわけ五階の外観は、真壁（柱や梁などを露出させて仕上げた壁）の柱や軒裏の垂木（屋根の斜面に沿って縦方向に取りつけられる木材）、火炎型の装飾的な華灯窓などまでが、木材でていねいに再現されており、好感がもてる。というのも、外観復元といいながら木部までコンクリートで造形し、茶色く塗って木材のように見せている場合も少なくないのである。

しかし、倒壊前の姿とは異なるところもある。

明治維新を迎えるまでの広島城天守は、南側と東側にそれぞれ三重の小天守をしたがえる連結式で、じつに勇壮な姿だった。残念ながら、二棟の小天守は明治初期に取り壊されてしまい、その後は大天守一棟になっていたが、戦前は東側に、小天守と連結するための東廊下が残っていた。ところが、再建の際にはそれは省略されてしまった。

さらに大きな問題は、南側の小天守と連結していた廊下の切断面に下見板が張られ、窓がもうけられたことだ。ここはあくまでも廊下を途中で切断した面なので、戦前は白漆喰を塗ってふさいでいた。そこに腰板を張り、さらに窓まで設置してしまうと、最初から小天守を連結せず、独立した大天守だったように見え、史実から遠ざかってしまう。その点が惜しかった。

## 窓を大きく、豪華にした大垣城

広島城に続いたのは和歌山城天守で、竣工したのは昭和三十三年（一九五八）十月のことだった。

和歌山城は元和五年（一六一九）に徳川家康の十男、頼宣が入封して以来、江戸時代を通じて、紀州五十五万五千石の領地を治める徳川御三家の城として歴史を刻んだ。しかし、この城郭の原型を整備したのは、慶長五年（一六〇〇）の関ヶ原合戦後に入城した浅野幸長だった。天守も浅野氏の時代に建てられたものが、徳川氏の時代になっても存続していたと考えられている。ただし、建てられた当初は外壁に下見板が張られていたようだが、江戸中期に白亜（白壁）に改修されている。

いびつな四角形をした天守曲輪の東南角に建つ三重の大天守は、残りの三つの角に建てられた二重の小天守、二棟の二重櫓と多門櫓で結ばれ、連立式天守を構成していると説明されることがある。

この一連の建造物は、弘化三年（一八四六）に落雷を受けて焼失したが、焼失前と同じ姿にするという条件で幕府から再建の許可が下り、四年後の嘉永三年（一八五〇）に完成した。焼失前の姿が再現されたため、多くの破風で飾られ、最上層には廻縁と高欄がめぐるなど古風な趣がたもたれ、昭和十年（一九三五）に旧国宝に指定されていた。それが十年後に、灰燼に帰してしまったのである。

その外観が戦後、鉄筋コンクリートで復元されたのだが、結論を先に述べれば、和歌山城の復元天守ほど、失われた建築の外観が細部まで忠実に再現された事例はほかにないと思われる。

設計を担当したのは東京工業大学教授だった藤岡通夫氏で、残されていた平面図のほか、旧天守を設計した水島家に伝えられていた立面図や断面図、藤岡氏自身が焼失前の細部を撮影したという大量の写真などを徹底的に解析したという。

和歌山城の復元天守

浅野幸長の時代に築かれた和歌山城の天守台は、石垣の築造技術が未熟だったこともあり、平面がかなりいびつな不等辺四角形である。それでも大天守の場合、二重目から上はゆがみが矯正されているが、そのぶん造形が複雑をきわめている。小天守と二棟の二重櫓が載る石垣の平面はそれ以上にいびつで、藤岡氏は「石垣が歪んでいて直角のところがないこと」に苦労したそうだ。そこで、先に木造建築の設計図をつくったという。

藤岡氏は後年、次のように回想している。

「木造は鉄筋コンクリート造ほど自由ではなく、木造としての制約がある。したがって鉄筋コンクリート造の建物を最初から設計すると、木造としての制約を忘れて設計しかねない。何分、私も最初の設計であるから十分に注意を必要とするので、面倒ではあったがまず木造として建物を設計し、それを下敷にして中身を鉄筋コンクリートに置き変える方式をとることにした」(『城と城下町』)

このように作業がていねいに重ねられた結果、外観の再現度は非常に高い水準をたもっている。

しかし、外観復元といっても、和歌山城ほどのレベルで行われることは、必ずしも多くはなかった。あまり褒められない例のひとつが、続いて昭和三十四年(一九五九)四月に竣工した大垣城の外観復元天守だった。

昭和十一年(一九三六)に旧国宝に指定され、その九年後に空襲で焼失したこの白亜の天守の外観は、鉄筋コンクリート造でおおむね再現されたが、あくまでも「おおむね」といわなければならない水準だった。それも、戦前と異なる形状が意識的に採用されたものと考えられた。

焼失前の形状が改変された点からは、当時、再建された天守になにが求められていたかがわかる。オリジナルの姿が正確に判明しているのに、あえて異なった意匠が採用された理由を考えると、再建天守の多くに通底する問題を読みとることができる。

まず、最上階の窓の形状が変更された。焼失前の天守は、最上階の窓の外側に、白漆喰が塗られた引き違いの土戸がはめられていた。このため、窓を全開にしても半分は白い面で覆われていた。しかし、再建された天守ではこの土戸が省略され、開口部がかつてより広くとられてはめ殺しのガラス窓にされた。いうまでもなく、天守に登った観光客に良好な眺望を提供するためである。

また、それぞれの破風は、金色の破風飾りなどで装飾された。大垣城天守が、古くそのような装飾をほどこされていた可能性までは否定できないものの、それは史実として確認できることではない。それでも大垣城では再建にあたって、より立派に、華やかに見せることが優先されたことになる。

同様の目的のために、史実と異なる外観をあたえられた天守は、各地に数多く見受けられるのだが、そのことは追い追い考えていくこととしたい。

続いて昭和三十四年（一九五九）十月、名古屋城天守が竣工した。

じつは、焼失した六棟の天守のうち、最初に再建が構想されたのが名古屋城で、昭和二十九年（一九五四）ごろには、その実現に向けての自主的な募金活動もはじまっていた。史上最大級の規模を誇った天下人の天守であり、大都市名古屋にとっても文字どおりのシンボルだっただけに、一刻も早い再建を望む声が大きかったようだ。工事がはじまったのも昭和三十二年（一九五七）六月で、もっとも早かった。

名古屋城天守には戦前に調査された実測図のほか、ガラス乾板写真が数多く残されており、焼失前の姿をかなり正確に再現することが可能だった。事実、それはおおむね実現されたが、ここでもまた「おおむね」というしかない。細部には違いが生じてしまった。

なかでも目立つのは最上階の窓である。焼失前の天守は最上階の窓に、大垣城の最上階と同様の土戸が備わっていた。窓は柱と柱のあいだにあり、そこにはめられた白い土戸は引き違い式なので、窓を開けた状態でもその半分は土戸に覆われていた。ところが、この土戸があえて省略され、窓ははめ殺しのガラス窓になった。そのほうが眺望を確保でき、採光もできるという理由は大垣城と同じである。

また、一重目から四重目までの窓はみな格子窓だが、江戸城など徳川の城に共通する意匠として、格子戸の外側に土戸が引けるようになっていて、それを閉めると格子が隠れて窓が真っ白になった。その土戸が省略されてしまったため、いまの名古屋城天守は、すべての窓を閉め切っていても、かつて窓を全開にしたときとおなじ姿をしている。細部にすぎないと思うかもしれないが、こうして壁面を真っ白に見せることで品位を表現したのが徳川の城の特徴だった。この史上最大規模の天守においても同様の意匠が採用されているのは、白く見せることにこだわりがあったからだろう。しかも、江戸時代には天守が日常的に使用されることはなく、ふだんは窓が閉められていた。その点でも、この外観復元天守は、史実と異なる誤ったイメージをあたえてしまっている。

## 石垣を崩して出入口を新設――岡山城

それから七年ほど経過して、昭和四十一年（一九六六）十一月には、岡山城と福山城の天守がほぼ同時に竣工した。これらも鉄筋コンクリート造の外観復元天守だが、それぞれが大垣城や名古屋城以上に問題を抱えていた。

岡山城天守は細長い不等辺五角形の天守台に建てられ、天守台平面が不等辺八角形だった安土城天主を想像させる複雑な外観に特徴があった。古い様式を伝え、文禄年間（一五九二～九六）に建てられた可能性が高いといわれる。昭和六年（一九三一）には旧国宝に指定されたが、昭和二十年（一九四五）六月二十九日の空襲で、石山門などとともに焼失してしまった。

戦後の動きは少し遅れたものの、名古屋城など四天守の外観復元天守が竣工すると、昭和三十五年（一九六〇）、旧藩士を中心に岡山城再建期成同盟会が結成された。それを岡山市が引き継ぎ、寄付金や篤志による融資を資金にして同三十九年に着工され、二年後に完成した。

その外観はほぼ旧状どおりという建前だが、戦前の古写真と比較すると違いが散見される。天守西側に付属する塩蔵の北側一階の窓は、焼失前は一つだったのに三つに増えた。ほかの窓も、塩蔵と天守本体ともに位置などが微妙に異なる。また、最上階にあった装飾的な華灯窓は省略されてしまった。

一階と最上階のイメージも異なる。とくに最上階だが、焼失前の写真では白壁がいまよりも目立って見える。外観復元天守では、下見板が張られた面積が大きすぎるのだろう。屋根の勾配も、焼失前はもっと反りが大きく、いっそうの躍動感があった。反り方が抑えられた結果、入母屋破風の面積が広くなり、そのぶん破風のなかで破風板の占める比重が小さくなったので、戦前の姿とくらべると弛緩した印象を受ける。

しかし、それ以上に大きな問題が生じてしまった。岡山城天守の天守台には穴蔵はなかった。すなわち地階がなかったので、焼失前は天守正面左側の塩蔵が天守の入口で、塩蔵の内部から階段で天守一階に上がる構造だった。

ところが再建に際して、宇喜多秀家の時代に築かれた石垣の南面を崩して、それまで存在したことのない地階をもうけ、そこに入口をつくってしまった。失われた文化財を再現するために、残された文化財を破壊し、史実と異なる姿に変更したのである。さすがにこれに対しては、暴挙という以外の言葉が見つからない。

一方、福山城では、岡山城のような破壊こそみられなかったものの、焼失前の姿とはかなり異なる外観になってしまった。この天守は元来、天守という建築が発展を遂げてたどり着いた、ひとつの完成形だと評価されていた。同時に、唯一無二の特異な姿を見せていたのだが、外観が「復元」されたはずの天守は、戦前までの姿とかなり印象が異なっていた。

福山城の歴史は比較的浅い。第一章でも少し触れたが、福島正則が元和五年（一六一九）に改易になったのち、幕府はその旧領の南東部に、徳川家康の従兄弟にあたる譜代大名の水野勝成を封じた。

その入封は、西国の大大名たちの領土にくさびを打つことが目的であったため、すでに一国一城令や武家諸法度の発布後であったにもかかわらず、十万石の石高には分不相応な、周囲にある外様の大大名の大城郭に引けをとらない城を築くことが許された。廃城になった伏見城から多くの建造物が下賜され、建物のみで高さ二十六メートルあまりの五重六階の壮麗な天守が建ったのも、外様の大大名の向こうを張るためであった。

小天守と付櫓が付属する複合式の天守で、建築様式としては「層塔型」と呼ばれる。これは五重塔のように、下から上へと規則正しく小さくした層を積み重ねたスタイルで、慶長九年（一六〇四）ごろに藤堂高虎が建てた今治城（愛媛県今治市）天守にはじまったとされる。

それまでは天守といえば、一階建てか二階建ての大きな入母屋屋根をいただいた建築上に望楼を載せた「望楼型」だった。ところが、ひとたび「層塔型」が登場すると、用材を規格化でき、構造もシンプルであるなど、合理性の高いこちらが主流になった。なかでも元和八年（一六二二）に完成した福山城天守は、一階と五階の大きさの違いが非常に小さく、それはこのころピークに達したと思われる高い建築技術の賜物だった。

鉄筋コンクリート造での外観復元にあたっても、このプロポーションは再現された。しかし、かつてはすべての窓に巻きつけられていた銅板は省略され、白壁と黒っぽい窓による色彩のコントラストは失われた。とくに形状が変わってしまったのは最上階だった。この天守も広島城などと同様に最上階のみ真壁で、正面の外壁は六つの柱によって五つに、側面は五つの柱によって四つに区切られていた。そして正面は中央に、側面は右から二番目の柱間に華灯窓が開かれていた。

ところが、再建された天守は、正面も側面も中央に大きな開口部がもうけられ、正面はその両側、側面は左側の柱間に華灯窓が開けられた。焼失前とは形状がまったく異なるのである。また、高欄も神社の橋のように朱色に塗られてしまった。

意匠が変更された理由のひとつは、廻縁への出入りの便を優先したということだろう。加えて考えられるのは、オリジナルの個性を否定したものと思われる。すなわち、オリジナルであるよりも、できるだけ標準的な意匠に近づけたかったのではないか。それは追って紹介する、小倉城天守を復興する際の発想と共通していたのではないだろうか。ひいては日本中の地方都市が金太郎飴のように東京に倣って、個性を喪失した過程と重なるように思われる。

さて、意匠が変更された点はまだある。福山城は北側が防御上の弱点で、城外からの距離が近かったため、天守の背面である北面には、大砲による攻撃に耐えられるように、各階にすき間なく鉄板が張りつめられ、黒チャンという黒い塗料が塗られていた。大坂夏の陣で大坂城の天守が大砲による砲撃を受けた記憶が、まだ生々しかった時期ならではの工夫だといえよう。このため白亜の天守は北側から眺めると真っ黒で、同様の例はほかの城にはなく、この点でも唯一無二の天守だった。

ところが、戦後の外観復元に際しては、予算上の問題もあったようだが、鉄板張りは再現されなかった。

その後、福山城天守の外観は、令和四年（二〇二二）になって大きく変更された。それについては、追って記すが、このように戦災で失われた天守の「外観再建」は、焼失前の姿がよくわかっていたにもかかわらず、必ずしもそれに忠実ではなかったのである。

## 二　町おこしと天守復興ラッシュ

### 熊本城と会津若松城は優秀だが

戦後、地域のシンボルとして鉄筋コンクリート造の天守が建てられたのは、戦災で天守を失った城郭だけではなかった。地域の歴史を掘り起こし、それを観光に軸を置いた地域振興につなげる道具立てとして、天守を建てることが一種のブームになった。こうして、明治初期やそれ以前に失われた天守が戦後、復興される例が相次いだのである。

そのなかには、かつての姿をよく映している事例もある。昭和三十五年（一九六〇）に竣工した熊本城の外観復元天守は、そうした代表に挙げられる。

熊本城天守は慶長五年（一六〇〇）の関ヶ原合戦前後に加藤清正が築造し、同十四年（一六〇九）ごろに小天守が増築されたと考えられている。大天守は建物だけで高さが三十二・五メートルと、創建当時は豊臣大坂城を抜いて日本一だった。それが明治のいわゆる「廃城令」後も残っていたのだが、明治十年（一八七七）、西南戦争が起きると政府軍の籠城先に選ばれた挙句、籠城前に火災によって焼失してしまった。政府軍を率いた谷干城は、のちに屯兵の失火が原因だと語っていたというが、放火説もある。それを八十余年ぶりに蘇らせたのである。

戦前にも、荒廃していた三重五階の宇土櫓が昭和二年（一九二七）に解体修理されたのち、天守の再建を求める声が上がったという。だが、その当時は本丸に陸軍第六師団司令部が置かれていたため、実現は困難だったのだが、戦後、米軍による接収が解かれ、昭和三十年（一九五五）に城地が「熊本城跡」として国の特別史跡に指定されると、天守再建への機運がにわかに高まった。そして同三十一年（一九五六）の熊本市長選で、市制七十周年記念事業での天守再建を公約に掲げた候補が当選したのを機に、再建へと動き出した。

設計を担当したのは、前述の和歌山城天守と同じく東京工業大学の藤岡通夫教授で、外観を忠実に復元するために、古文書や絵図、古写真等を詳細に研究したという。とくに古写真は、明治初年に撮られたにしてはかなり鮮明だったのが幸いしたそうだ。そして、事前に木造天守の断面図を作成し、さらには木造天守を十分の一に縮尺し、内部まで正確に再現した精密な軸組模型を組み上げたうえで、細部にいたるまでの意匠を徹底的に解析。それが鉄筋コンクリート造に落とし込まれた。大天守も小天守もガラス張りの最上階が不自然といえば不自然だが、昔日の姿がかなり忠実に再現されている。

昭和四十年（一九六五）に竣工した会津若松城の外観復元天守も、同じく藤岡通夫氏が設計している。

明治元年（一八六八）、戊辰戦争の激戦地となった若松城は、その後の「廃城令」で存城とされながら、明治七年（一八七四）にすべての建造物が取り壊されてしまった。

ことに天守は、戊辰戦争時の被弾の痕を残しながらも、構造上のダメージは最小限で済んでいたようだが、明治政府はそれを残すことを許さなかった。若松城は、官軍との凄惨な戦いの末に敗れた旧会津藩士の精神的支柱であった。このため、明治政府は士族の反乱を未然に防ぐためにも、天守以下の建造物に関して、取り壊す以外の選択肢をあたえなかったようだ。

それだけに天守再建は、会津の人たちの悲願であったという。昭和三十二年（一九五七）の戊辰九十周年記念祭で、天守再建の決議文が読み上げられると、再建熱は急上昇し、昭和三十九年（一九六四）に鶴ヶ城天守閣再建期成会（註・鶴ヶ城は若松城の通称）が結成された。

さかのぼれば、若松城の天守台は文禄元年（一五九二）に蒲生氏郷が築いたものだが、そのとき建てられた天守は慶長十六年（一六一一）の地震で損壊、または倒壊したと考えられている。その後、氏郷の嫡男の蒲生秀行か、のちに入封した加藤嘉明の子の明成のどちらかが、同じ天守台上に規模を少し縮小して改修もしくは再建し、明治まで維持されたと思われる。逓減率が大きく、上層ほど小ぶりな層塔型の五重天守で、幸いにも、明治初期に撮られた比較的鮮明な古写真が複数残っており、文献資料等も参照のうえで、鉄筋コンクリート造ではあるが、外観がていねいに再現されている。

昭和六十一年（一九八六）に竣工した福知山城（京都府福知山市）の再建天守も、藤岡通夫氏が基本設計図を作成した。

天守台を築いたのは明智光秀で、五輪塔や宝篋印塔、石仏や墓石などが築石に大量に転用されているこの石垣は、平面がとてもいびつである。著しくゆがんでいて細長く、西側にはこれもまたいびつな小天守台が連結する。広島大学名誉教授の三浦正幸氏は「天守史上で最も複雑怪奇な天守であった」とまで記している。

設計にあたっては、明治に取り壊される前の古写真がなかったため、江戸時代の平面古図である「丹波国天田郡福知山城本丸天守ノ図」と、天守や櫓の外観が少々記号的に記された古絵図「丹波福知山城屋敷割絵図」が参考にされた。

その古絵図に描かれた天守の姿は、たしかに「複雑怪奇」である。二重目に大きな入母屋屋根が載り、そこに一重の小さな望楼が載る望楼型で、最上階の入母屋屋根の向きは二重目とクロスしている。また、北側には廻縁がめぐるが、西側は二重目の入母屋破風の先端が三重目の軒に届きそうなほど伸びているために、廻縁はつけられない。説明すればきりがないが、かなり個性的な姿だといえる。

このように特異な外観を藤岡氏が再現した天守は、元来、一九七〇年代に完成する予定だった。ところが、地質調査が開始されたところで、昭和四十八年（一九七三）にオイルショックに見舞われてしまい、計画はいったん断念されている。それからほぼ十年を経て、瓦一枚運動（瓦一枚分＝一口三千円からの寄付活動）で五億円あまりの寄付が集まったことから、ようやく再建されるにいたった。

この再建天守は突拍子もない姿なので、ほんとうにこんな外観だったのか、と疑問視する向きもあった。そこに令和二年（二〇二〇）七月、「福知山城天守古写真発見」というニュースが飛び込んできた。オークションサイトに出されていた不鮮明な古写真を、城郭・古建築模型作家の島充氏が福知山城天守と見抜いて落札したのだ。その後、島氏はそれを立体的な模型に置き換えている。

この写真および模型と再建された天守をくらべると、細部には異なる点も見つかるとはいえ、屋根の構造や、下見板が張られた壁面の形状、窓や石落としの位置などが、ほぼ重なっている。再建天守の奇観には、明治に取り壊された天守の「外観」が、かなり正確に映し出されていたのである。

## 行政が台無しにした小田原城

だが、同様に藤岡通夫氏が設計しながら、昭和三十五年（一九六〇）、小田原城に完成した再建天守は、一般に「外観復元天守」ではなく「復興天守」と呼ばれている。

小田原城は度重なる地震等の天災に見舞われ、小田原藩はその修復に財政が追いつかない状況だった。明治を迎えるまで存在した天守も、宝永三年（一七〇六）に再建された、江戸時代になって以降の三代目で、その後も地震による被害を受け続けた。このため知藩事となっていた旧藩主の大久保忠良は、「廃城令」以前の明治三年（一八七〇）に、新政府に廃城を出願して受け入れられ、その年のうちに天守も解体されてしまった。

天災はその後も止まず、とりわけ大正十二年（一九二三）の関東大震災は、小田原に近い相模湾北西部が震源だったために、残されていた石垣等の被害は甚大で、天守台の石垣も崩れてしまう。

しかし、こうして城郭の損壊が進むなかで、小田原のシンボルとしての城を復興させようという動きが地域から沸き起こり、まずは昭和二十八年（一九五三）までに、天守台の石垣が積み直された。天守台ができれば当然、天守再建への期待も高まる。同三十一年（一九五六）には、商工会議所による小田原城天守閣復興促進会が発足。寄付を募ると同時に、再建のための準備がはじまった。

ただし、小田原城天守は古写真や絵図面などの決定的な史料に欠け、外観の再現に際しては、推定に頼らなければならない面があった。

天守の古写真は、解体中に撮影された、初重の骨組みだけが残るものが一枚あるにすぎない。ただし、この写真が示唆的で、初重の中ほど、石垣の天端（上面）から三メートル程度の高さに床があるのがわかる。したがって、小田原城天守は三重の層塔型だったが、初重の内部は二階建てなので、三重四階だったことが判明する。大きな出窓型石落としの存在も古写真から確認できる。

また、三重天守のひな形の模型が三つ現存するほか、古図の模写も残っている。藤岡氏は三つの模型を綿密に検討したうえで、そのうちのひとつ（旧東京大学蔵の模型）をもとにして全体の意匠構造を組み立てるとともに、平面規模は別のひとつ（大久保神社蔵の模型）に合わせ、高さはそれらの中間として設計した。

それは昭和三十五年当時としては、かなり緻密な検討であり、推定をふくんでいるとはいえ、「復元」と呼べる作業であったと考える。ところが、結果としては「復元」ではなく「復興」と呼ぶしかなくなってしまった。再建された天守の最上階には、高欄つきの廻縁がめぐらされているが、これは宝永三年に建てられた天守には存在しなかった。再建当時、小田原市が観光のためにどうしてもほしいと主張したために、文部省から「好ましくない」と指摘されながらも、つけられたものなのである。

藤岡氏自身、史実と異なる廻縁をつけざるをえなかったことについて、のちに著書『城と城下町』に、「市当局の強い現代的要求により三重目に回縁高欄を付けて展望の便を計ったため、外観を損じてしまったのは遺憾の限りであった」と記している。実際、この形状変更のために、小田原城天守はいまにいたるまで「復元」とは認められず、「復興天守」と呼ばれている。

## 観光のための愚行

小田原城天守の前年、昭和三十四年(一九五九)に竣工した岡崎城の「復興天守」も、同様の問題を抱えている。

徳川家康の生地である岡崎城には、家康の関東移封後に入城した田中吉政が天守を建てたようだが、おそらく慶長年間(一五九六〜一六一五)になんらかの理由で失われた。その後、関ヶ原合戦後に入封した本多康重の子の康紀が、元和三年(一六一七)に田中時代に築かれた天守台をもちいて再建したと考えられる。

この天守は明治六年（一八七三）から同七年（一八七四）にかけて取り壊されたが、何種類かの古写真が残っている。それによれば三重三階地下一階の望楼型で、外壁には下見板が張られ、正面右に二重の井戸櫓、左には二重の付櫓が付属している。また、望楼型の天守は一般に、一階、二階にくらべて望楼部が小さいことが多いが、この天守は下から上への逓減率が小さいので、相対的に望楼の部分が大きく、多くの破風で飾られている。

これらの古写真を頼りに鉄筋コンクリート造で再建されたのが、いま岡崎城の天守台上に建っている天守である。岡崎市観光協会が先導して再建が決められ、名古屋工業大学教授だった城戸久氏が設計したものだが、再建された天守は最上階を押しつぶしたようなプロポーションになっているほか、壁面における白漆喰と下見板のバランスなども、古写真の印象とはかなり異なる。

それ以上に、古写真にはない廻縁と高欄が最上階につけられているのが気になる。観光誘致につなげるための再建ゆえだろう。しかし、長い目でみれば、オリジナルを尊重し、その城だけの独自の個性を強調してこそ、観光客へのアピールになったはずである。

そういう発想が戦後の日本に欠けていたことが惜しまれる。

観光が意識された結果、もっと残念な結果につながったのが、岡崎城と同じ昭和三十四年に竣工した小倉城の「復興天守」である。

関ヶ原合戦後に豊前（福岡県東部と大分県北西部）に入封した細川忠興は、慶長七年（一六〇二）から小倉城の大改修に取りかかり、天守も構えた。それから二百年以上を経た天保八年（一八三七）、失火によって本丸御殿とともに焼け落ちてしまってからは、再建されることがなかったこの天守は、外観に大きな特徴があった。

四重五階の層塔型で、四階には屋根がなく、五階（四重目の上部）は黒塗りの引き戸が建てられた縁側が四階より外側に張り出していた。風変りだという意味で「唐造」と称され（中国の影響があったわけではない）、四階以下の白亜の外観に「黒段」と呼ばれた黒色の五階がせり出すように載るという、小倉城天守にしかない個性がきわだっていた。

この天守のもうひとつの特徴は、四重目の入母屋屋根を除けば、下重には屋根を飾る破風がひとつもないことだった。屋根がのっぺりとしたシンプルな外観で、だからこそ、黒段による唐造が映えたのだと思われる。これを建てた細川忠興は、父の藤孝同様の教養人として知られ、和歌や能楽、絵画などに通じた文化人でもあった。その美意識が色濃く反映されていたのではないだろうか。

ところが復興された天守は、かろうじて「唐造」は再現されているものの、どの屋根も破風で派手に飾られている。とりわけ一重目は大きな入母屋破風で飾られ、層塔型ではなく望楼型の外観を呈している。この天守ならではの良き特徴が、徹底的に否定されているのである。

設計を担当したのは、和歌山城や熊本城、会津若松城などですぐれた仕事をした藤岡通夫氏で、『豊前小倉天守記』や『延享三年巡見上使御答書』、『小倉城絵巻』などをもとに、外観を考証したという。だから当初の案は、小倉城本来の特徴を活かした破風がない姿だったのだが、建設費用を捻出する地元の商工会からの強い要望で、多くの破風が加えられてしまった。

北九州市教育委員会文化課が編集した『小倉城――小倉城調査報告書――』には、劉寒吉氏が寄稿した前書にこう記している。

「新天守が完成したとき氏（註・藤岡氏）をかこんで座談会が催されたので、その席上私はひとつの質問をした。／古い小倉城絵図を見ると、あの三角形をした飾りものの破風がないが、新城には庇屋根の上に華やかに乗っかっている。これはいかなるわけであろうか、という意味のことをおたずねしたのである。／すると藤岡氏は、ちょっと苦笑して、もっともな不審で、あの破風には自分も困った。小倉城天守には華やかな破風がなく、それが大きな特色であった。そのことは充分にわかっているのだが、依頼者である観光会社のひとが、破風がなければ天守らしくない、ぜひ破風を付けてもらいたい、あれがなければ観光客に訴える力がない、と強硬に責められるので、仕方なくくっつけたが、やはり本当はない方がよかったのだ、という意味の説明をされた」

付記すれば、小倉城の天守台の石垣は北東部が高さ十七メートルと、水堀から立ち上がる天守台としては日本一の高さを誇る。だが、その平面は、天守の再建時に実測したところ菱型で、各辺の長さもそろっていなかった。つまり不等辺四角形だった。慶長時代前半の石垣築造技術が、なお未熟だったせいだと思われるが、これでは長方形または正方形の平面を相似形で積み上げる層塔型天守を建てるのは困難だ。

広島大学名誉教授の三浦正幸氏は、正保四年（一六四七）に幕府に提出された絵図に描かれた天守の一階壁面下部に、余分な線が一本描かれていることに注目する。つまり、一階の平面を天守台から少しはみ出させ、石垣のゆがみを矯正していた、と見立てている。

藤岡氏が設計する際、そこに気づかず、熊本城天守のように石垣からはみ出した姿が再現されなかったのは、むろん故意ではない。だから、それが再現されなかったのは、いたし方あるまい。しかし、「破風がなければ天守らしくない」という見解は残念至極である。

日本の地方都市は戦後、いずこも小さな東京になろうと同じ方向への発展を志向し、各都市それぞれの風土や歴史、文化に根差した個性や味わいを、積極的に打ち消してしまった。そして、いまなおそこにしかない持ち味を薄め続けている。そうした姿勢が「破風がなければ天守らしくない」という表現に象徴的に表れている。

小倉城だけの個性を強調したほうが、観光客を集めるという一点にかぎっても、どれだけ訴求力が高まったことだろうか。史実に裏づけられた独自の魅力を、他者と同じであろうとするためにあえて否定することほど愚かなことはない。

ところで、最上階がせり出した「唐造」の外観は、昭和三十七年（一九六二）に竣工した岩国城（山口県岩国市）の天守にも再現されている。

岩国城は慶長五年（一六〇〇）の関ヶ原合戦で東軍に内通し、毛利家の存続に力を尽くした吉川広家が、その翌年から標高約二百メートルの横山に築いた城で、本丸に四重六階の天守が建てられた。ところが完成してわずか七年、一国一城令の発布によって廃城となり、天守も破却されてしまった。

この天守も「天守構造図」という絵図によれば「唐造」で、これを参考にした藤岡通夫氏の設計によって、鉄筋コンクリート造で復興された。ただし天守の位置は、麓を流れる錦川に架かる錦帯橋からの眺めを重視して、本来の天守台から五十メートルほど南側に移されてしまった。

錦帯橋越しに、山上に天守を眺める景色がよく知られているが、これは史実に反した景観なのである。

## 史実無視の岸和田城や浜松城

しかし、ここまで取り上げた再建天守は、オリジナルの姿に改変が加えられたものもふくめ、以下に並べる天守よりは史実との整合性が取れているものが多かった。それ以外の主要な復興天守を再建された順に紹介してみたい。

岸和田城（大阪府岸和田市）は、大坂と和歌山の中間という戦略上重要な地に位置するため、豊臣秀吉の時代以来、小規模の大名にまかされたわりには非常に立派な城であった。だから、秀吉の叔父だが領土は三万石にすぎなかった小出秀政が、慶長二年（一五九七）に築いたのも五重の天守で、それが長く威容を誇っていた。だが、文政十年（一八二七）に落雷で焼失してからは、再建されることはなかった。

いま天守台上には、昭和二十九年（一九五四）に完成した鉄筋コンクリート造の三重天守が建っているが、これはかつての天守の姿を反映したものではない。過去の姿を検討せずに建てられたものなのである。史実の五重天守は、高さがいま建っている天守より十メートル以上高かったと考えられている。このように史実を無視して建てられた天守は一般に「模擬天守」と呼ばれる。

岐阜城（岐阜県岐阜市）といえば織田信長の居城として知られるが、昭和三十一年（一九五六）に、標高三百二十九メートルの金華山頂に完成した鉄筋コンクリート造の復興天守は、信長の時代の建築を模したものではない。そもそも信長のころの岐阜城は、山上に天守台の石垣は発見されているものの、そこに高層建築が建っていたかどうかわかっていない。

山上に天守を建てたのが明らかなのは、天正十二年（一五八四）から城主を務めた池田照政である。その後、信長の孫の織田秀信が城主のとき、関ヶ原合戦の前哨戦で落城。翌年には徳川家康の判断で廃城とされ、建造物や石垣は、家康の命であらたに築かれる加納城（岐阜市）の部材とされ、照政の天守は加納城の三階櫓になったと伝えられる。

このため設計を担当した城戸久氏は、加納城三階櫓の図面や古文書を参考にしたようだが、かなりの部分を推定に頼らざるをえない復興であった。

浜松城（静岡県浜松市）の野面積の天守台は、石垣築造技術が未熟だったために平面が不等辺四角形だが、その一辺はほぼ十八メートルと大きい。そこに建てられた天守は、十七世紀半ばまでに失われたと思われる。現在そびえる三重の天守は、昭和三十三年（一九五八）に鉄筋コンクリート造で建てられたもので、天守台の東側のおよそ三分の二だけを使ってこぢんまりと建てられている。予算が足りず、大きな天守台の平面を使い切れなかったのだという。

この天守台は正面に付櫓台が突出し、穴蔵があってそこに井戸がある。こうした特徴が共通するのは全国でもほかに松江城天守だけで、しかも松江城は、浜松から移封になった堀尾吉晴が築いた城である。このため、松江城天守は浜松城天守を参考に建てられ、浜松城天守は天守台の規模からして、松江城を少し小さくした四重四階か三重四階の望楼型だったのではないか、と考える専門家が多い。

ところが、現在建つ天守を設計した城戸久氏は丸岡城天守を参考にしたという。十分な考証をえずに天守の復興を急いだ戦後の状況を映している。

四万三千石の大名の松倉重政が、高さ三十一メートルという姫路城とほぼ同じ規模の五重天守を建てたのは島原城だった。それは前述したように、キリシタンの取締まりという責務を負っているからこそ認められたものだった。明治九年（一八七六）に解体されたこの天守は、古写真が一枚もないため、昭和三十九年（一九六四）に復興されるにあたっては、十七世紀後半のものと推定される『嶋原城廻之絵図』などの記録が参考にされた。

そうして復興されたのは外壁が白亜の五重天守で、一階下部には平瓦（実際にはタイル）を張りつけた海鼠壁が採用されている。しかし、『嶋原城廻之絵図』に描かれた天守は四重で、各重とも壁面の下部には下見板が張られているように見える。四重に描かれているのは、幕府が将軍家や五十万石超の大大名でないかぎり、五重天守を建てるのを嫌ったためだろう。『普請方記録』によれば一重目と二重目は床面積が同じで、その境目に腰屋根を設置しながら正式な屋根には数えず、四重と呼べるようにしていたと思われる。

整理すると、解体前の天守は一重目と二重目が同じ大きさで、三重目から規則正しく逓減する層塔型で、壁面下部には下見板が張られていた。一方、復興天守は二重目から逓減して壁面は真っ白。なぜもっと絵図に近づけなかったのか、理由は不明である。そのうえ天守台は、明治時代に島原監獄を建設するために上部が崩されたうえ、復興に当たって当時の位置から東南方向に十数メートル移動させられてしまった。

とはいえ、層塔型で、最上重の入母屋をのぞけば屋根を飾る破風が一切ないという、いずれの絵図にも共通する特徴は、復興天守に踏襲されている。やはり再建時には、小倉城と同様に「破風をつけたほうが城らしい」という意見が出されたそうだが、却下されたのはせめてもの幸いであった。

## 最大の個性を否定した今治城

諏訪湖の東南湖岸に築かれた高島城（長野県諏訪市）の天守は、明治になって取り壊されるまで、湖水が石垣の裾を洗う天守台上に独特の姿でそびえていた。四枚残る古写真を見ると、三重五階の望楼型で、一階に大きな入母屋屋根が架けられ、そこに二重の望楼が載っている。外壁には下見板が張られていた。

　とりわけ特徴的なのが屋根で、天守としては全国でも唯一、木の薄い板を折り重ねた柿《こけら》葺きが採用されていた。耐火性能が低い柿葺きがあえて採用されたのは、以下の二つの理由によるものだろう。すなわち寒冷地なので、水分を吸うと凍結して膨張し、割れたり表面がはがれたりする瓦を避けた。また、湖上の軟弱な地盤なので屋根を軽くしたかった。

　ほかにこの天守の外観を際立てるものに、独特の華灯窓があった。天守北面を写した古写真には、二重目の軒下の左側上部にひとつ、二重目の切妻破風の出窓にひとつ、釣り鐘型の華灯窓が確認できる。柿葺きの屋根と相まって高雅な印象をあたえていた。

　昭和四十五年（一九七〇）に再建された天守は、古写真や古絵図を参考に鉄筋コンクリート造で外観を再現したもので、プロポーションや独特の屋根の形状などは旧態をよく映している。

　だが、残念な点も少なくない。眺望を確保するためだと思われるが、切妻破風の出窓にひとつだけ開かれていた華灯窓が三連になり、存在しなかったバルコニーがもうけられた。また、下見板や軒下の木組みもすべてコンクリートで造形されているため、当然ながら木材の質感が得られていない。柿葺きも再現されず、屋根には銅板が葺かれている。

予算等との兼ね合いでやむを得なかった点もあったのだろうが、観光を意識して史実と異なる外観を採用し、「外観復元」とは呼べないレベルに価値を下げてしまった点は、短絡的な判断だったと思わざるをえない。

築城の名手として知られた藤堂高虎が、慶長七年（一六〇二）から築いた今治城は、正方形を基本にした単純明快な縄張りなど、高虎らしく効率性が高く追求されていることで知られる。天守に関しても同様にエポックメーキングだった。

下の階から上の階へ、床面積を規則的に小さくして五重塔のように積み上げる「層塔型」の天守は、今治城にはじまったとされる。大きな入母屋建築に望楼を載せた「望楼型」の天守にくらべ、層塔型のほうが用材を規格化できるので工期の短縮が可能で、構造が単純であるため移築も容易だった。今治城に層塔型の五重天守が出現して以降、全国の天守はそれまで望楼型ばかりだったのが一転して、層塔型主体になるのである。

この天守は慶長十三年（一六〇八）、高虎が伊予（愛媛県）から伊賀と伊勢（三重県）へと移封になった際、伊賀上野城（三重県伊賀市）に移築されるはずだった。だが、慶長十六年（一六一一）、天下普請で築かれる丹波亀山城の縄張りを高虎が担当すると、そこに献上された。その結果、この全国初の層塔型天守は、今治城に六年ほどしか存在しなかった代わりに、丹波亀山城の天守台上に、明治初年に取り壊されるまで建ち続けることとなった。

さて、今治市制六十周年を記念して昭和五十五年（一九八〇）に建てられた、五重六階の鉄筋コンクリート造の再建天守についてである。これも設計したのは藤岡通夫氏で、亀山城天守の古写真や平面図が参考にされたといい、事実、プロポーションは近いようである。だが、それを帳消しにするほど大きな史実との差異がある。

今治城には天守台が発見されていない。天守はおそらく、本丸の地面に、天守台をもうけることなく建てられたものと考えられる。ところが、昭和の再建天守は本丸の石垣の塁線上に建てられている。そこにはかつて、天守の移築後はその代用とされた二重の北隅櫓が建っていた。さらには、層塔型の亀山城天守を参考にしながら、二重目に大きな入母屋屋根が載る望楼型の外観になってしまっている。亀山城天守は古写真を見るかぎり、最上重をのぞいて破風がないが、再建天守は三重目にも出窓をともなう入母屋破風が付属する。

その二十年以上前に建てられた小倉城天守と同様に、破風がないとさみしいという理由で、屋根が飾られてしまったという。それにしても、唯一無二の特徴や個性を、ほかとの横並びを優先して潰してしまうとは、なんと情けないことか。

織田信長が永禄六年（一五六三）に小牧山城（愛知県小牧市）へ移るまで、八年ほど居城にしたことで知られる清洲城（愛知県清須市）。天正十年（一五八二）の本能寺の変ののち、ここを拠点としていた信長の次男の信雄が天正十四年（一五八六）ごろ、大小天守を築いたことが知られている。

その後、慶長十四年（一六〇九）に徳川家康が名古屋築城を決めると、清洲城は城下町ごと名古屋に移されることになり（「清洲越し」と呼ばれる）、その建築資材は名古屋築城に使われた。天守も解体され、その資材は名古屋城御深井丸に現存する三重の西北隅櫓に転用された。そのため、この櫓は清洲櫓とも呼ばれる。

こうして慶長十八年（一六一三）には廃城となった清洲城は、その後、開発によって城跡の大半が消失し、そのうえ東海道本線と東海道新幹線によって分断されてしまった。現在では本丸土塁の一部が残るほか、五条川の改修時に発見された清洲越しの前に築かれた石垣の一部が、復元のうえ展示されているにすぎない。

そんな清洲城に、三重四階地下一階の望楼型天守が出現したのは平成元年（一九八九）のことだった。旧清洲町の町制百周年を記念し、鉄筋コンクリート造で建てられたのだが、かつての清洲城の主郭は五条川の西側にあったのに、いま天守が建つのは東側で、位置がまったく異なっている。

また、かつての天守については、その外観や規模もすべて不明なので、天守が実在していた当時を「想像して」建てられたものにすぎない。

ただし、外壁の下見板や最上階の柱や垂木など、木部はすべて木材で構成され、白壁の部分は漆喰塗りで仕上げられている。石垣はかつての技術をもちいて野面積に近いスタイルで積まれ、瓦は形態やデザイン、金箔押しにいたるまで、出土したものから忠実に再現されている。こうした「本物志向」には好感をもてなくもない。

## 史実と異なる「大阪城」の事情

鉄筋コンクリート造の天守の嚆矢であり、戦後の日本に天守が林立するモデルとなったのが、昭和六年（一九三一）に竣工した「大阪城天守閣」だった。天守再建が計画されたのは昭和二年（一九二七）、昭和天皇の即位を記念してのことで、その際、大阪市の方針は「秀吉の天守を復興させたい」というものだった。

大阪市土木設計局は福岡藩黒田家に伝わった『大坂夏の陣図屛風』（大阪城天守閣蔵）に描かれた天守を参考にして外観を再現し、当時としては先進的な鉄筋鉄骨コンクリート造で建てられた。いまでは建築後九十年以上が経過し、平成九年（一九九七）には国の有形文化財に登録されるなど、別の「歴史的価値」も生まれている。

しかし、この天守は史実という観点から評価するならば、まがい物に近い存在だというほかない。慶長二十年（一六一五）の大坂夏の陣で落城し、本丸も天守も炎上して無惨な廃墟となってしまった豊臣大坂城は、現在、地上にはその痕跡すら残っていないからである。

二代将軍徳川秀忠の命で、大坂城は元和六年（一六二〇）から三次にわたる再建工事が行われ、十一年をかけて完成した。その工事は、西国の外様大名を中心に六十四家が動員された大規模な御手伝普請であった。その際、徳川幕府の圧倒的な力を見せつけると同時に、徳川権力にとっての不安要素を地上から消滅させるという目的のもと、豊臣大坂城は盛り土をして完全に埋められてしまった。再建の総奉行としてあたらしい大坂城を設計した藤堂高虎の事績を記した『高山公実録』などには、秀忠が高虎に、石垣の高さも堀の深さも旧城の二倍にするように指示した旨が書かれている。

このため天守も、位置が変わっただけでなく、豊臣時代の天守は石垣をふくむ高さが約三十九メートルと推定されるのに対し、徳川大坂城天守は約五十八・三メートルと一・五倍、はるかに巨大になった天守台平面の面積は豊臣時代のほぼ二倍である。また、豊臣大坂城の天守は望楼型で、壁面には黒漆が塗られ、黄金の装飾が華麗に施されていたのに対し、徳川大坂城の天守は白亜の層塔型で、視覚的な印象も対照的なものだった。

ところが、現在の「大阪城天守閣」は、徳川によって再築された大きな天守台上に建てられながら、入母屋の建物を二つ重ね、そこにさらに物見を載せた望楼型で、『大坂夏の陣図屏風』に描かれた天守を模して、五重目の廻縁の上下に鶴（屏風では鷺だが）や虎の装飾が施されている。ただし、なぜか壁面は豊臣時代の黒漆塗りが再現されず、徳川再築の天守と同様の白亜に仕上げられている。

令和元年（二〇一九）、大阪市で開催されたG20サミットの席で安倍晋三元総理は、この天守について、「十六世紀のものが忠実に復元された」が、エレベーターを設置したのは「大きなミス」だと紹介した。これに対しては、「障害者への配慮が足りない」という批判が相次ぐ一方で、「歴史的建造物を忠実に復元する際、エレベーターをつけるべきではない」と安倍氏を擁護する声も上がるなど、論争になった。

しかし、それは史実に依拠しない無意味な論争であった。そもそも「大阪城天守閣」はいま述べたように、忠実に復元されたものではない。徳川大坂城の巨大な天守台に豊臣大坂城の天守を想像して再現した、史実とはかけ離れた建造物なのである。豊臣の痕跡を消すことを目的とした城に、豊臣時代の天守を再現しようとした時点で、史実からの乖離ははなはだしい。

だが、こうなったのもやむを得ない面があった。現在の大坂城は徳川が改築したものであるのは、明治時代からわかっていたが、豊臣時代の旧状がどれだけ引き継がれているかに関しては、わかっていなかった。そもそも豊臣大坂城の具体的な姿自体、福岡藩黒田家に伝わった『大坂夏の陣図屏風』などを除いて史料が乏しく、不明な点ばかりだった。

ところが、偶然の連鎖によって謎は解ける。昭和三十四年（一九五九）に西外堀が涸水したのを機に、大阪市と大阪市教育委員会、大阪読売新聞社が「大坂城総合学術調査団」を立ち上げ、石垣や地盤の調査をはじめたところ、石垣に江戸期の刻印が多数見つかったのである。こうして、現在みられる打込ハギの石垣は徳川が再築したものであることが明らかになった。加えて、本丸の地表から七・三メートルの地下になぞの石垣が発見された。

小ぶりの自然石が加工されず、野面積で積まれたその石垣の正体は、その時点ではわからなかったが、翌年、また偶然が重なった。徳川幕府の京都大工頭だった中井家で、豊臣時代の『大坂城本丸図』が発見された。そこには石垣の高さや長さのほか、建物の詳細な平面図まで描かれており、発見された石垣は、豊臣大坂城本丸の「中の段帯曲輪」の石垣だと考えられるようになったのである。

しかし、昭和初期の時点では豊臣大坂城の実態がほとんどわかっておらず、わからないままその天守を再現しようと試みた。このため「大阪城天守閣」は、歴史への誤解を招きかねない建築となってしまった。その建築が戦後に乱造された、史実と異なる天守のモデルとなり、史実を無視する際の免罪符になったとすれば残念だが、いま述べたように、「大阪城天守閣」が史実と異なるのは故意によるものではない。

焼け野原になった戦後の日本において、各地で復興のシンボルとして天守の再建が希求された。それは理解できる話である。再建された天守を観光誘致につなげたいという願いも、動機としてはよくわかる。しかし、観光客受けを優先するあまり、判明している史実まで無視することが横行したのは残念でならない。たんに史実が損なわれたから残念だというだけではない。その城らしさ、その土地らしさを否定した結果、長期的に見れば観光誘致すら損ねている事例が多いのが、とても歯がゆいのである。

## 三　天守がなかった城に建った天守たち

### 存在しなかった天守がシンボルに

史実を損ねた天守が戦後、各地に建設されたのは、ここまで述べてきたとおりだが、それどころか、天守がなかった城に建てられた天守も少なくない。いうまでもなく、それらはすべて模擬天守であって、歴史との関連を装っていても、今日の都合で建てられた現代建築にすぎない。

富山県富山市は昭和二十年（一九四五）八月二日未明、大空襲に見舞われて五十万発以上もの焼夷弾を浴び、市街地の九九・五％が焼失するという壊滅的な被害をこうむった。それだけに、昭和二十九年（一九五四）四月から六月にかけて、富山城址公園で開催された富山産業大博覧会にかける県や市、産業界の意気込みにはただならぬものがあったようだ。三億五千万円が投じられて富山の近代都市としての復興がアピールされ、復興のシンボルとして富山城の「天守」が鉄筋コンクリート造で建てられた。

入母屋屋根がかけられた二重の建造物に望楼が載せられた、典型的な望楼型天守の外観で、二重二階の小天守が付属する。犬山城や彦根城などの現存天守を参考にデザインされたという。

ところで、富山城を近世城郭として整備したのは、前田利家の嫡男の前田利長で、寛永十六年（一六三九）以降、金沢城主である前田家の分家が城主を務めた。だが、その当時の富山城を描いた複数の絵図には、いずれも天守は描かれていない。『万治四年築城許可書』（一六六一年）には天守の建設計画が記されており、建てることが検討された形跡はあるものの、実現しなかったと思われる。本丸南東隅の土塁の屈曲部が広いので、おそらくそこに天守台を造成しようとしたのだろう。だが、結局、石垣による天守台も築かれなかったことが発掘調査で確認されている。

では、戦後に建てられた天守は、富山城のなかにどのように位置づけられるのだろうか。天守台もないため、この天守は本丸南虎口の枡形の石垣上に建てられている。すなわち、史実とは全方位的に無関係の建造物なのである。

市街地のほぼすべてが焦土と化した富山に、復興のシンボルが必要だったという事情は理解できる。しかし、この模擬天守は、あくまでも近代都市としての富山のシンボルにすぎず、歴史や伝統を尊重しようという姿勢に裏づけられた建築ではなかった。その証拠に、産業大博覧会が終了してからも、富山城の内堀は復興事業の一環として、現在残っている南側を残し、順次埋め立てられてしまった。偽物の「天守」が建てられたのちも、本物の史跡は破壊され続けたのである。

そんな「天守」が平成十六年（二〇〇四）、富山の「地域の景観の核」として国の有形文化財に登録されてしまった。歴史を無視した景観にお墨付きがあたえられたのは、私には悪い冗談としか思えない。

平戸城（長崎県平戸市）の本丸には三重五階の天守が建ち、最上階からは平戸湾の絶景を見渡すことができる。鉄筋コンクリート造のこの天守は、昭和三十七年（一九六二）に建てられたもので、不思議なことに平面の半分は石垣上に載りながら、半分は地面から直接建ち上っている。その理由は、二重櫓の跡に無理に建てているからであり、元来、本丸に天守台はなかった。二の丸にある三重の乾櫓が天守の代用とされていたのである。

平戸城の前身である日之嶽城を築いたのは松浦鎮信だが、慶長十八年（一六一三）、完成間際にして城は焼失している。豊臣家との関係性を徳川幕府に疑われた鎮信が、嫌疑を晴らすためにみずから火をつけたともいわれる。このときには天守があって、ほかの建造物と一緒に焼け落ちた、という可能性も否定はできないが、天守台の存在は確認されていない。その後、元禄十六年（一七〇三）になって再築城が認められ、享保三年（一七一八）に完工した。しかし、前述のように天守が建てられることはなかった。

現在の天守は、戦後の天守復興ブームにあやかって、観光の拠点とするために建てられた模擬天守である。海からの景観や天守からの眺望が重視されたものと思われるが、訪れた観光客に平戸城の誤ったイメージをあたえてしまっている。

昭和三十九年（一九六四）、中津城の本丸に完成した鉄筋コンクリート造の五重五階の天守は、和歌山城や熊本城、福知山城、小田原城などの再建天守を手がけてきた藤岡通夫氏が設計している。だから、史実の天守に近づける努力がなされたと思ってしまうが、中津城も江戸初期を除いては、天守が建った形跡がない。

中津城は天正十五年（一五八七）に豊臣秀吉が九州を平定したのち、豊前六郡（福岡県東部と大分県北西部）の領主になった黒田官兵衛孝高が築いた。関ヶ原合戦を経て、黒田家が筑前（福岡県北西部）に移ると、豊前には代わりに細川忠興が入封。細川藩の本城は小倉城とされたが、同じ領内の中津城は一国一城令の発布後であったにもかかわらず、例外的にそのまま維持することが認められた。寛永九年（一六三二）、その細川家が熊本に転封になると、周囲の外様大名たちを監視する役割を負って譜代大名の小笠原氏が、享保二年（一七一七）には、やはり譜代大名の奥平氏が入り、そのまま奥平氏の居城として明治維新を迎えている。

史上存在しなかった中津城模擬天守

その間、細川時代には天守が建った形跡がある。たとえば元和五年（一六一九）に、細川忠興が息子の忠利に宛てた手紙には、中津城天守を約束どおりに（明石城を築城中の）小笠原忠政（忠真）に渡すように、という指示が記されている。だが、結局、明石城には天守は建てられていない。中津城の天守がどうなったかは記録がないから不明だが、その二年後には天守が建っていないことが確認できる。以後、絵図等にも天守は描かれていない。

それなのに旧藩主の奥平家が主導し、観光のシンボルとして現在の模擬天守が建てられたのである。二重櫓が建っていた石垣に石を積み増して天守台をこしらえ、古写真が残る萩城天守をモデルに、史実と無関係の天守がそびえている。

だが、藤岡通夫氏が設計しただけのことはあって、由緒ある建造物かと見まがうようである。同様に史実と異なりながら、ほかの模擬天守となにが違うのだろうか。藤岡氏の以下の記述にヒントがあると思われる。「近年建てられる怪しげな城郭建築では、この柱と窓の関係が鉄筋コンクリート造であるために滅茶苦茶で、同じ形の建物を木造では建てられないようなものが多い。このような建物が平気で世の中を横行しているのは、淋しい限りといわざるを得ない」（『城と城下町』）。

## ふるさと創生基金とエセ天守

藤岡氏の指摘に該当する「怪しげな城郭建築」のひとつが、横手城（秋田県横手市）の模擬天守ではないだろうか。

十六世紀半ばに小野寺氏が築いたこの城は、関ヶ原合戦後は最上氏、続いて佐竹氏の所有となり、寛文十二年（一六七二）に佐竹氏の縁戚の戸村義連が入城したのちは、明治まで戸村氏が城主を務めた。その間、江戸時代をとおして石垣がない土の城で、天守も建ったことはなかった。ところが、昭和四十年（一九六五）に三重四階の天守が、石垣が積まれた天守台上に鉄筋コンクリート造で建てられたのである。岡崎城をモデルにしたそうだが、柱と窓の関係などまったく考慮されていない。

唐津城（佐賀県唐津市）は豊臣秀吉の家臣だった寺沢広高が、東軍にくみして戦った関ヶ原合戦後、慶長七年（一六〇二）から本格的に築城した城である。その際、天守台の石垣は築かれながらも、すでに寛永四年（一六二七）、「幕府隠密探索書」に天守台はあるが建物はない旨が書かれている。

ところが現在、その天守台には五重五階地下一階の天守が建っている。これは昭和四十一年（一九六六）、例によって文化観光施設として、鉄筋コンクリート造で建てられたものである。天守の記録がなかったため、秀吉が朝鮮出兵の基地として築いた肥前名護屋城（唐津市）をモデルに設計された。唐津城は築城に際し、肥前名護屋城の廃材を利用したと伝えられるので、あながち縁がないわけではないが、この天守が唐津城の史実と無縁であることはいうまでもない。

平成二十年（二〇〇八）から令和三年（二〇二一）まで行われた、傷んだ石垣の整備事業にともなう発掘調査では、本丸の各所から古い石垣が見つかり、豊臣政権下の城に特徴的な金箔瓦も発見された。このため寺沢広高の築城以前に、先立つ城郭が築かれていた可能性も取り沙汰され、その時点では天守が建っていたという可能性は否定できない。だが、仮に天守が建ったことがあったとしても、いまの天守がそれと縁がないことには変わりがない。

ここまで述べてきたように、昭和三十年代から四十年代にかけて、全国各地に雨後の筍のように鉄筋コンクリート造の天守が建つことになった。その数は史実と無縁の模擬天守がもっとも多かったのだが、昭和四十年代後半からは、とくに国指定の史跡においては、天守の建設が控えられるようになった。

戦災で焼失した天守の外観復元が試みられた岡山城でさえ、石垣を崩してあらたな出入口がもうけられたのが象徴的だが、建造物を整備するにあたり、石垣などの遺構への配慮に欠けることが多かった。そうした行為が、むしろ史跡の価値を損ねてしまうことが問題視されるようになってきたのである。

逆にいえば、史跡に指定されていなければ、引き続きなんでもありの状況だったともいえる。川之江城（愛媛県四国中央市）は、関ヶ原合戦後に伊予に移封になった加藤嘉明が整備したが、嘉明が居城を松山城に移したのち、慶長二十年（一六一五）もしくはそれ以前に廃城になった。

当時の遺構は現在、本丸に石垣の一部が残るだけだが、昭和六十一年（一九八六）、城跡の景観は一変した。川之江市制三十周年記念事業の一環として、天守のほか涼櫓、櫓門、隅櫓、控櫓が次々と建てられたのである。往時の史料はなにもないので、天守は犬山城を参考にしたそうだが、基本的にはみな想像の産物である。建築にあたって藤岡通夫氏に指導を受けたおかげで、みなそれらしい外観であるのがせめてもの救いだといえようか。

織田信長が美濃（岐阜県南部）に侵攻するにあたり、まだ木下藤吉郎と呼ばれていたころの豊臣秀吉が永禄九年（一五六六）に、わずか三日半で築いたとされる墨俣《すのまた》城（岐阜県大垣市）。その逸話が記されているのは、主として江戸時代初期にまとめられたという『武功夜話』だが、『信長公記』ほか同時代の史料には記述がないため、後世の創作だとする見解も少なくない。

だが、この秀吉の逸話が史実であろうとなかろうと、墨俣城が土塁や空堀で構成され、木柵などで囲って簡易な建造物を配置しただけの造りであったことはまちがいない。

ところが、そこに平成三年（一九九一）、四重五階地下一階で最上階の屋根には金色の鯱をいただいた白亜の天守が建てられたのである。外観は近隣の大垣城を模したとのことだが、大垣城の外観は江戸時代初期に整備されたものであり、時代がまったく異なる。

天守が出現する以前に廃城になった土の城の跡に、石垣上にそびえる高層の天守が建てられた例は、昭和四十二年（一九六七）に完成した亥鼻《いのはな》城（通称・千葉城、千葉市中央区）など、ほかにもある。そんななかでも、墨俣城の天守の場合、建つことになったきっかけが特異だった。竹下登内閣の発案で昭和六十三年（一九八八）から翌年にかけ、国が地域振興を旗印にして各市区町村にばら撒いた「ふるさと創生基金」が契機だったのである。

その一億円をもとに総工費七億円をかけて建てられたのが、この鉄筋コンクリート造の天守だった。内部は歴史資料館として利用されているので、どこかの自治体がつくった純金のこけしやカツオよりはマシかもしれない。しかし、多くの人に歴史を誤解させることを考えれば、正負の価値は相殺され、こけしやカツオと変わらないようにも思えるが。

# 第四章　平成、令和の復元事情

建築基準法を正攻法でクリアした白石城の復元大櫓

再建される城郭建築の質は、昭和が平成と改元されたころから変化がみられるようになった。可能なかぎり史料にあたり、調査を重ね、伝統工法の継承も意図しながら、木造で復元される例が増えてきた。

コンクリート造で建てられた天守も、修繕する際に、なるべく歴史的な内外観に近づける試みが目立ってきたのは好ましい。

ただし、高層建築である天守を木造で建てるとなると、建築基準法の壁を越えるのに困難がともなうこともあって、それ以外の門や櫓、御殿などの復元も盛んになっている。

この章では、再建や修復に際しての、こうしたあたらしい流れに目を向ける。一方、バリアフリー化をはじめ、昨今、検討が要請されている問題についても考察したい。

## 一　平成にはじまった天守の木造復元

### 木造復元ブームの火つけ役――白河小峰城

史実としては存在しなかった天守が各地に続々と出現していたころにも、失われた建築を木造で忠実に再現するという取り組みがなかったわけではない。たとえば、松山城の連立式天守である。

周知のとおり、松山城の大天守は現存している。だが、それを中心に連立式天守を構成していた小天守以下、南隅櫓、北隅櫓などの建築群は、昭和八年（一九三三）七月に放火のために焼失していた。それらが昭和四十三年（一九六八）五月、木造で復元されたのである。

当時は鉄筋コンクリート造による天守復興ブームのまっただ中だった。しかし、松山城は放火される前、国宝への指定を受けるために膨大な数の写真が撮られ、図面が作成されていた。このため、昭和三十八年（一九六三）にはじまった松山城再建計画では、それらの資料をもとに、以後の復元はすべて木造で行うことが決められたのである。連立式天守が三十五年ぶりに雄姿を取り戻したのちも、放火や空襲、失火などで焼失したいくつもの櫓や門などが木造でかつての姿をよみがえらせた。その際、木材の加工にあたっても機械に頼らず、昔ながらの手斧などを使って仕上げられた。

現在、連立式天守の内部を歩いても、現存建造物と復元建造物の接合部に気づきにくいため、両者が組み合わされていることを忘れてしまう。そのリアルな復元の価値は高いと思われ、事実、復元された建築群はすでに国の有形文化財に登録されている。

だが、大天守が木造で復元されるようになったのは、平成になってからである。その第一号が、白河小峰城の三重御櫓、すなわち事実上の天守だった。

明治期に多数の城郭建築が取り壊されたことはすでに述べたとおりだが、白河小峰城の三重御櫓が失われた事情は、ほかの城郭と異なる。戊辰戦争の犠牲になったのである。白河は新政府軍が会津に侵攻するにあたっての要地だったため、慶応四年（一八六八）閏四月から七月にかけ、奥羽越列藩同盟と新政府軍の戦いの舞台となり、建造物のほとんどが焼失してしまった。

その際に失われた事実上の天守を復元する計画が、平成元年（一九八九）の白河市制四十周年にあたって浮上し、実現したのである。

しかし、焼失してからすでに百二十年が経っており、古写真等も残っていなかった。そこで、正保元年（一六四四）に幕府が諸藩に命じて提出させた『正保城絵図』のほか、建造物の寸法や材質にはじまり、平面や屋根構造の断面までが詳細に記されている『白河城御櫓絵図』（『川越侯所伝之図』部分）が参考にされ、災害時の記録をはじめとする文献史料の検討や考証が行われた。加えて、遺構がどの程度残っているかを確認するためにも、発掘調査が行われた。その結果、三重御櫓の礎石が完全な状態で確認され、その位置等も『白河城御櫓絵図』と一致していた。

こうして、寛永年間（一六二四〜四四）に建てられた三重三階の事実上の天守が、戊辰戦争で焼失するまで残っていたことが確認された。それをもとに復元への道筋が定められ、積み直された石垣上に平成三年（一九九一）三月、はじめての木造の伝統工法による復元天守が完成した。先述した絵図にもとづき、土台から一本の通し柱が三階の床までを支えている内部構造も再現された。

続いて平成六年（一九九四）には、三重御櫓へと連続する前御門も、同様に伝統工法で復元されている。

## 幕末にはなかった掛川城天守

白河小峰城に続く平成の木造復元の第二号が、平成六年(一九九四)四月に竣工した掛川城(静岡県掛川市)の天守だった。復元計画が浮上したきっかけは、昭和六十三年(一九八八)三月、東海道新幹線の掛川駅が新設されたことだった。加えて篤志からの五億円もの寄附もあり、考証論文つきの本格木造で復元することに決まったという。

しかし、東海地方を何度も襲った地震の被害を受け続けた掛川城には、明治維新を迎えた時点で天守は残っていなかった。宝永四年(一七〇七)の大地震で大破したのち、松平忠喬が再建した天守は、嘉永七年(一八五四)の大地震でふたたび大破すると、再建されることなく取り壊されてしまったからである。

したがって古写真は残っておらず、さらに図面もなかった。このため復元作業は困難をきわめている。設計したのは城郭建築の権威であった宮上茂隆氏で、まず『正保城絵図』や、嘉永四年(一八五一)の『御天守台石垣芝土手崩所絵図』などの絵図を読み解いたうえで、高知城天守が参考にされた。

はじめて掛川城に天守を築いたのは、天正十八年(一五九〇)の小田原征伐ののち、掛川に入封した山内一豊だった。その一豊は慶長五年(一六〇〇)の関ヶ原合戦ののち、六万石から二十四万石へと大幅に加増され、高知に転封になった。そして、高知城に天守を建てるにあたっては、「遠州懸川之天守之通」りにするように命じたことが、山内家の史料『御城築記』に記されている。

もっとも、その姿が高知城に反映されたという一豊の掛川城天守は、すでに慶長九年（一六〇四）の大地震で倒壊したと記録されているが、宮上氏は、その外観は基本的に幕末まで継承されたと判断した。『正保城絵図』に描かれた天守は白亜で、三重目に廻縁がめぐらされ、二重目の屋根には唐破風がつく。これは一豊の天守の崩壊後、松平定綱が再建した天守だと考えられるが、宮上氏は『掛川城復元調査報告書』に次のように記している。

「徳川譜代の松平定綱が、みずからの好みで廻縁高欄付き天守を新規に建築した可能性のないことは明らかであろう。定綱は、地震などで傷んだ一豊の廻縁高欄付き天守を修復したものとおもわれる」

事実、城郭建築を再建する際には、旧状を再現するのが武家諸法度による原則だった。城郭のシンボルである天守であればなおさらだろう。それを譜代大名が破るとは思えず、松平定綱は一豊が建てた姿を再現したはずだ、と宮上氏は解釈したのである。

一方、嘉永四年の『御天守台石垣芝土手崩所絵図』に描かれた天守は、『正保城絵図』と異なって、天守の二重目と三重目の腰壁が黒く、廻縁がない。一豊の天守と異なる姿をしている。これについても、宮上氏は細部を検討したうえで、「廻縁式だった天守を内縁式に改造したことを示唆している」と解釈した（前掲書）。雨ざらしのために傷みやすい廻縁の外に壁をもうけたため、見た目が変わった、という判断である。

たしかに、掛川城の天守台の平面は、南側を下面とした台形で、かなりゆがんでいる。これは一豊の時代には、石垣の築造技術が未熟だったためだと考えられる。その天守台が幕末まで使われていたことからも、「一豊の廻縁高欄付き天守を修復し」、「改造した」（前掲書）という宮上氏の判断には合理性があると思われる。

こうして伝統工法により、主として青森ヒバを使って、三重四階の掛川城天守は復元された。いわゆる望楼型天守で、最上階は初期の天守に共通するコンパクトな三間四方で、廻縁がめぐらされている。

## 建築基準法をクリアした白石城

しかし、白河小峰城三重御櫓も、それに続く掛川城天守も、昭和の鉄筋コンクリート造の天守とくらべれば、画期的な木造の伝統工法による復元だったが、それまで天守の木造復元を阻んでいた壁を崩したわけではなかった。

戦後、再建されたり模造されたりした天守が、昭和のあいだはみな鉄筋コンクリート造であった背景には、先述したように、多くの木造建築が戦災で焼失した記憶がまだ生々しかったので、耐火性が優先されたという事情があった。しかし、それだけではなかった。建築基準法が木造で復元するための壁になっていた。

昭和二十五年（一九五〇）に施行されたこの法律は第二十一条で、高さ十三メートル、または軒高九メートルを超える建造物は、強度や防火面で一定の技術的水準に達しないかぎり、主要構造物を木造にしてはならない、と定めていたのである。

白河小峰城の三重御櫓は木造部分の高さが約十四メートルで、建築基準法による規制に抵触してしまう。そこでどうしたかというと、この規制をいわばアクロバティックにすり抜けた。内部に見学者を入れない「工作物」であれば、木造であっても建築基準法の適用を受けない。その規定を利用し、「工作物」として確認申請されたのである。このため、のちに見学者を内部に入れるようになった際、問題化した経緯がある。

また、掛川城の場合は、すでに記したように最上階の規模が小さかったため、「塔屋」

としてあつかわれ、建築基準法が壁にならずにすんでいる。

ともに、その後の木造復元のために、建築基準法という障壁を越えるモデルが示されたわけではなかったのである。

だが、じつは建築基準法には、建築材料や技術の進歩に対応するための例外規定もあった。第三十八条に定められている建設大臣（現国土交通大臣）による超法規的認定制度がそれで、法律で求められているのと同等以上の効力があると認められるなら、建築は可能だとされている。これが最初に適用されたのは、平成七年（一九九五）三月に完成した白石城（宮城県白石市）の事実上の天守、大櫓だった。

宮城県の最南端に位置する白石城は、仙台城（仙台市青葉区）の支城だった。慶長七年（一六〇二）に伊達家の重臣であった片倉景綱が入城して以来、元和元年（一六一五）の一国一城令でも廃城にならず、明治維新を迎えるまで片倉家の居城として存続した。しかし、明治六年（一八七三）のいわゆる「廃城令」で大蔵省の管轄になると、すべての建造物が解体されるとともに、城門や屋根瓦にとどまらず、石垣の石材までが転売または譲渡されてしまった。このため、城内で唯一、石垣で囲まれていた本丸も、下部を残して石垣の築石は残っていなかった。

そんな城の本丸跡に、事実上の天守だった大櫓を復元する計画が持ち上がったのは、昭和六十三年（一九八八）のことだった。しかし、復元作業は簡単ではなかった。なにしろ、天守台の石垣すら、下部を除いて残っていないうえ、古写真もなかったからである。

白石城大櫓は文政二年（一八一九）の火災で、本丸のほかの建造物とともに焼失したものの、ただちに再建工事が着手され、同六年（一八二三）に竣工している。これが明治に取り壊された建築で、再建にあたって外観は『増岡城絵図』（高橋家蔵）と『白石城屛風』（片倉家蔵）をもとに決められた。大櫓の姿は二つの絵で共通しており、ともに文政時代に再建されたものと考えられたからである。

また、寸法については、安政三年（一八五六）の『白石城略記』に記されていた。それによれば、一重目は東西九間で南北六間、二重目は東西七間で南北四・五間、三重目は東西五間で南北三間（一間は六尺五寸、すなわち約一・九七メートル）。同じかたちの構造物を一階から少しずつ小さくして積み上げた層塔型である。そして、高さは五丈四尺八寸（十六・六メートル）だった。『白石城住居覚』にも、ほぼ同じ数字が記されていたため、寸法を決めることができた。一方、内部については、一階は発掘された礎石の痕跡をもとに設計されたが、二階以上は推定復元とせざるをえなかった。

ただし、いずれにしても、このサイズは建築基準法が定める木造建築の許容範囲を大きく超えていた。設計作業が終了した平成四年（一九九二）三月の時点で、そのことが避けてとおれない問題になる。

望楼型の掛川城天守のように最上階が小さくないので、「塔屋」として認められる可能性はない。このままでは、計画を大幅に修正する必要が生じる可能性があった。この壁を乗り越えるために、白河小峰城同様、工作物として申請することも検討されたそうだが、最初から見学者を入れることを前提に、正攻法で臨むことになったという。

幸いにも追い風が吹いていた。そのころ文化財を復元するという機運が全国で高まりながら、現行法が阻害要因になっており、当時の建設省にもそういう認識があった。

このため、建設大臣による超法規的認定を受けるにあたって、技術評定をする日本建築センターも、建設省本体も、たびたび訪れる設計担当者に好意的だった。結果的に「博物館に準じた建物」としてあつかうのが妥当だという話に収まったという。

その場合、火災報知機やスプリンクラーを備えるほか、避難口としての窓をもうけ、急勾配の階段を若干ゆるい傾斜にする、といったことが求められるが、こうした基準を満たしさえすれば、基本的に史料に忠実な復元でも、建築基準法をクリアできるというのである。現実に、「博物館に準じた建物」として、平成四年九月に大臣認定による建築確認が下り、建築にとりかかれることになった。

当初は大櫓だけが復元される予定だったが、設計作業が進んだところで、約二十億円と見込まれていた復元費用が約十六億円で済む見通しとなったため、本丸正門である大手二ノ門と同一之門も復元できることになった。こうして、本丸北側の一連の景観が木造で再現されたのである。

## 最大の木造復元——大洲城

ここまで述べた白河小峰城、掛川城、白石城の三城は、天守や天守代用櫓の古写真がなかった。白河小峰城の三重御櫓は、代わりに寸法等が詳細に記された絵図面が残されていたが、ほかの二城にはそれすらなく、復元にあたっては、推定に頼らざるをえない部分も少なくなかった。これらの先例とくらべると、解体前の姿がかなり正確に把握でき、それにもとづいて復元することができたのが、平成十六年（二〇〇四）九月に完成した大洲城の天守だった。木造部分の高さが十九メートルを超えるという規模においても、ほかの三城を圧している。

四重四階のこの天守は、慶長十四年（一六〇九）に五万五千石を封じられ、淡路島の洲本城から大洲城に移った脇坂安治が建てたとされている。安治が廃城になった洲本城の天守を解体して運んだ可能性も高いという。明治六年（一八七三）のいわゆる「廃城令」にあたっては、ご多分に漏れず廃城となったが、この天守は取り壊しをまぬかれ、明治二十一年（一八八八）まで残っていた。その後、解体されてしまったのが惜しまれるが、明治中期まで存在したので、古写真等は残りやすかった。

昭和五十九年（一九八四）に大洲市まちづくり委員会が発足したとき、天守復元の専門部会は「木造建築は不可能。やむを得ず鉄筋コンクリート造とする」と報告したが、反響はとても小さく、「それなら（鉄筋コンクリートなら）反対」という声さえ上がったという。以後、計画は停滞していたが、平成六年（一九九四）に木造復元された掛川城天守に触発されたという。

大洲市側が掛川城の復元天守を設計した宮上茂隆氏に尋ねると、厳密な意味での復元とは「建築物の木割図や実測図、写真などが残っており、材料をふくめてほぼ旧態どおりに再建できるもの」を指し、史料に恵まれている大洲城の天守は完璧に復元できる、と説明されたという。これを受けて大洲市は、大洲城天守閣再建検討委員会を設立して、宮上氏に顧問への就任を依頼。市制五十周年を迎える平成十六年の完成をめざし、木造復元に向けて動き出した。

宮上氏が「恵まれている」と指摘した史料のひとつは絵図だった。幕府が正保元年（一六四四）年、各藩に提出を命じた『正保城絵図』の「伊予国大洲之絵図」（国立公文書館蔵）や、元禄五年（一六九二）に制作された『大洲城絵図』（大洲市立博物館蔵）には、各曲輪の規模や構造、建築物の絵姿などが精密に描かれていた。

復元された大洲城天守

ほかに、天守の規模や構造を伝える木製の模型（天守雛形）も残っており、往時の梁組や内部構造も確認することができた。すでに記したように、天守の外観を伝える複数の写真も存在した。

事業費は概算で約十三億円とされた。市の一般会計予算を一億円ずつ八年間計上し、残りの五億円は募金でまかなうことになったが、幸いにして五億二千八百万円もの寄附金が寄せられた。また、直径四十センチ以上のスギとヒノキの提供を、全国の山林保有者に呼びかけたところ、五百七十七本が集まっている。

しかし、順調そうにみえて、現実には困難をきわめたのが、建築基準法による許認可だった。白石城の大櫓を再建する際には、同法第三十八条の規定によって、日本建築センターの審査を通過すれば、大臣による超法規的認定が認められた。それはすでに記したとおりだが、平成十二年（二〇〇〇）に、この条文が削除されてしまったのである（平成二十六年に復活）。だが、二年にわたる交渉の末、基準法第三条第一項が定める「保存建築物」として、同法の適用除外の対象となり、着工にいたっている。この許認可取得だけで二年を要している。

その間も平成十年（一九九八）十一月に、基本設計を担当していた宮上氏が急逝するなど、不測の事態が続いたが、宮上氏の盟友で白石城大櫓の設計にも携わった八木清勝氏が監督と指導にあたることになり、プロジェクトは前進した。そして、約二年半の工期をへて、平成十六年（二〇〇四）九月に天守は完成をみる。伊予でいちばんの大河川、肱川対岸の比高三十メートルほどの丘上に、現存する二基の櫓をしたがえて、いま雄姿を見せている。

復元天守の内部に足を踏み入れると、中央に大きな心柱（通し柱）が据えられ、階段はそれをめぐるように架けられ、その周囲が一部、吹き抜けになっている。現存する天守にみられる、急で登りにくい階段とは少し趣を異にするので、再建のときに手心を加えたのか、などと疑いたくなるかもしれない。だが、姫路城と同様に上下二本に分かれた心柱が使われていたことも、その周囲を階段がめぐっていたことも、先述の天守雛形で確認されている。

それでも、二階から上は正確な広さや高さがわからなかったため、コンピュータグラフィックスによる解析に古写真を重ね合わせるなどして、寸法を算出したという。史料および資料を最新技術で読み解くことで、精密な復元が実現したのである。また、着工後に個人宅からより鮮明な古写真が見つかるなどして、精密さはさらに増したという。

## 美観の再現――新発田城

大洲城の復元天守が完成したのとほぼ同時期の平成十六年七月に竣工したのが、新発田城（新潟県新発田市）の事実上の天守、三階櫓である。

いわゆる『正保城絵図』では、本丸の同じ位置に二重櫓が描かれている。その後、寛文八年（一六六八）の大火で城内の多くの建造物が失われたのち、新発田藩の公式記録

『悠廟紀』の延宝七年（一六七九）の条に「三階御櫓御普請成就」と記され、正徳二年（一七一二）の城絵図には三重の櫓が見られる。このため、三階櫓は新発田城の象徴として延宝七年以降に建てられ、しかしながら、幕府に遠慮して天守とは呼ばなかったものと考えられる。

この櫓も復元のための手がかりは比較的豊富だった。まず、明治五年（一八七二）のものと思われる、さまざまな角度から撮られた複数の古写真が残っていたのが幸いした。古絵図や古文書も豊富だった。たとえば『新発田御城中御間柄全図』には、本丸内の建造物の平面図が精密に記されており、また、富商の安田蕉鹿が幕末に記した『所々御普請』には、三階櫓などの平面の寸法や高さについて詳述されていた。

もっとも、「城下町四百周年」を迎えた平成十年（一九九八）、記念事業の検討委員会で三階櫓等の復元が提案された際は、経費がかかりすぎることを理由に採用されていない。それでも市民からの要望が強いことから、平成十一年度に「地域文化財・歴史的遺産活用による地域おこし事業」として、復元事業に取り組みはじめている。

最初に「新発田市歴史的遺産活用基本計画」が策定され、平成十二年度からは石垣の測量や発掘調査が開始された。その結果、出土した礎石の位置などが、『所々御普請』

に記された寸法などと完全に一致したために、復元にはずみがついた。

民間からの後押しも大きかったようだ。新発田城三階櫓再建期成同盟、新発田城を愛する会といった民間組織が存在し、平成十三年（二〇〇一）三月には新発田青年会議所のメンバーが中心となって、新発田歴史塾「道学堂」が開講。同年七月には、これらの団体に新発田市自治会連合会、寺町・清水谷地区まちづくり協議会も加わり、「新発田城三階櫓、辰巳櫓の復元を推進する会」が設立された。同年十二月には、「推進する会」が集めた三万余名の署名が新発田市長に提出されている。

こうして三階櫓、および本丸の二重櫓である辰巳櫓を、伝統工法で史実にできるかぎり忠実に復元する方針が固まり、平成十四年（二〇〇二）および十五年度の予算に総額約十二億円が計上されることになった。

完成した三階櫓の外観は、きわめて個性豊かである。まず、最上階が南北と東の三方向に棟が伸びた「丁」字型の入母屋屋根で、このため三つの鯱が載っており、天守や三重櫓の屋根としてほかに例がない。それ以外の点でも新発田城三階櫓は、美観が徹底して意識されている。

基本的に白漆喰の総塗籠だが、腰壁には平瓦を張りつけ、格子状に漆喰を盛り上げた海鼠壁が採用されている（盛り上げた漆喰がナマコのようなのでこの名がある）。雪が多い寒冷地のため、壁面の耐久性を考えてのこととは思われるが、初重は四段、二段目と三段目も一段は海鼠壁で、バランスが計算され尽くした感がある。

また、この三階櫓のように軒裏まで白漆喰で塗り籠める場合、軒先も真っ白に仕上げられるのが一般的だが、新発田城では異なっている。軒先に取りつける切裏甲という部材だけは黒塗りにしているのである（ほかの櫓も同様）。このため軒先にアクセントが加わり、これが海鼠壁のダークグレーと呼応して、ほかの城にはない色彩の調和を生み出している。

こうした装飾は、オリジナルのプロポーションが再現されてこそ映える。復元にあたっては、古写真から読みとれる形状や寸法比率と復元基本図のあいだに差異が生じていないかどうか、撮影された場所を推定したうえで、コンピューターグラフィックスを古写真に合わせて確認するなど、精緻な検証がなされている。

## 二　改善される鉄筋コンクリート造天守

## より史実に近い内外観に

昭和三十年代ごろから各地に鉄筋コンクリート造で再建された天守も、このところ、より史実に近い意匠に近づけようという努力が見られるのは、歓迎すべき状況である。

現在、建てられてから六十年以上が経過し、鉄筋コンクリート造の耐用年数を迎えている建築も少なくない。それを機に、後述する名古屋城のように、木造での再建が検討されている例もいくつかある。一方、鉄筋コンクリート造のまま、耐震性能を強化するなどしてリニューアルする場合もあるが、その際には多かれ少なかれ、より歴史的なオリジナルに近づける工夫がなされることが多い。

昭和四十年（一九六五）に外観復元された会津若松城天守の場合は、耐震補強が目的だったわけではないが、平成二十三年（二〇一一）に大きな改修が行われた。再建時に使われた黒瓦、すなわち一般的ないぶし瓦を、すべて赤瓦に葺き替えたのである。

若松城の各建造物の屋根に葺かれていたのは、蒲生氏郷が天守を建てた当初は、黒っぽいいぶし瓦だったと考えられている。だが、寒冷地の会津では、上薬が塗られていないいぶし瓦は、雪が解けるときに水が染み込み、その水分が凍って瓦が割れる、ということが問題になったようだ。このため、寛永二十年（一六四三）に改易された加藤明成に代わって入封した三代将軍家光の弟、保科正之が対策を講じた。上薬を塗って水分を吸収しにくくした赤瓦を使用することにし、承応二年（一六五三）から葺き替え作業を開始したのだ。

取り壊し直前の天守も、葺かれていたのはすべて赤瓦だったことが、払い下げられた瓦などから判明していた。そこで、天守や付属する走長屋、鉄門などの瓦がすべて赤瓦に葺き替えられ、幕末の姿が再現されたのである。

昭和三十五年（一九六〇）に建てられた小田原城天守は、平成二十二年（二〇一〇）から耐震改修と木造再建の双方について、どちらを行うべきか検討され、「耐震改修は安全性を確保するために速やかに行う必要がある」という結論が出された。これを受け、平成二十七年（二〇一五）七月から耐震改修工事が進められ、その際、最上階の五階に摩利支天像を安置する空間が、木造で再現された。

小田原市は天守の耐震改修について検討するにあたって、小田原城天守閣耐震改修検討委員会を設置。一環として、平成二十五〜二十六年（二〇一三〜一四）に、小田原城天守模型等の調査研究を重ねてきた。その成果として、昭和三十五年の天守再建にあたっては、ほとんど無視された東京国立博物館蔵の模型が、かつての天守の姿をもっともよく伝えているという結論にいたった。

この調査では、最上階には摩利支天など天守七尊を安置する空間があることがわかったが、それと合致するのが東博の模型だけだったのである。そして、詳細な間取りなども判明したため、その空間が復興天守の最上階に再現されることになった。鉄筋コンクリート建築の内部ではあるが、旧小田原藩有林から産出された小田原産の木材が使われ、小田原城銅門などの復元工事を手がけた宮大工を中心に、小田原の大工や左官が参加して、木造の空間が創出された。

ただし、残念ながら、再建時に小田原市当局の要望を受け入れて設置された、史実にはなかった最上階の廻縁は残されたままである。

## 戦前の姿に近づいてきた例

空襲で焼失し、昭和三十四年（一九五九）に再建された大垣城天守は、前述したように、眺望を優先して最上階の窓が大きくとられ、立派に見せるためなのだろうか、破風などが金色の飾り金具で派手に装飾されていた。いわば、映えるとは思えない「見栄え」を優先するあまり、昭和二十年（一九四五）に焼失する前の姿が改変されてしまっていた。その姿が、平成二十一年（二〇〇九）から二十二年（二〇一〇）にかけて行われた屋根瓦の葺き替えと外壁の改修工事に際して変更された。

最上階である四重目の窓が、漆喰で塗籠られた土戸がつく焼失前の姿にあらためられ、破風を飾っていた金色の金具も取り払われた。

また、細かいようだが、瓦も江戸時代と同じ大きなものに葺き替えられた。鬼瓦は、再建時にすべて桃をかたどったものにされていたが、戦前と同様、桃型のものが二十一と鬼面が十四に戻された。こうして高さ十九メートルの天守は、少なくとも外観に関しては焼失前に近い姿を得ることになった。天守の周囲を四重に囲み、水都大垣を体現していた堀はすっかり失われており、全体としての景観は永遠に戻らないものの、前進ではある。

昭和四十一年（一九六六）に竣工した岡山城の外観復元天守は、令和四年（二〇二二）十一月に、約一年を費やした改修工事が終わった。外壁をおおう下見板には、艶やかな漆黒の壁面がよみがえり、最上階の壁面にあった華灯窓も、再建時には省略されてしまっていたのが再現された。

また、内部にも見どころができた。空襲で焼失する前は二階に、床の間、違い棚、帳台構がしつらえられた書院造の城主の間があった。それが鉄筋コンクリート造の内部に木造で再現されたのである。小田原城天守の最上階のように、往時の空間が一部であっても、視覚をとおして確認できるようになったのはうれしい。

とはいえ、石垣を崩してもうけた地階とその開口部は、以前と変わらず天守の入口として使われている。史跡の状況が、破壊をともなって根本的に改変されてしまうと、もとに戻すのはきわめて困難だという例で、教訓にすべきだろう。

改修をへて見た目がもっとも変わったのは福山城天守だろう。すでに述べたように、この城は昭和四十一年に再建された際は、戦災で焼失する前の姿と大きく変わってしまっていた。しかし、令和四年八月の築城四百年に向け、その二年近く前から耐震補強を兼ねた改修工事が進められた結果、天守は戦前の雄姿に近い外観を取り戻すことになった。

最大の変化は、北側の壁面に鉄板を張り、この天守の最大の特徴をよみがえらせたことだった。鉄板も天守と一緒に焼失したため、これまで、その形状はもはやわからないと考えられていた。ところが、福山市内にその一部が保存されており、小さな鉄板をす

福山城天守

き間なく張り合わせていたことが判明したため、再現することが可能になったのである。

　また、北面以外の窓も、これまですべて白く塗られてしまっていたが、窓枠や格子に銅板が巻かれていた戦前の色彩に近づけられた。最上階の華灯窓も、焼失した天守と同じ位置に移され、真壁の柱もこれまで白かったのが黒く塗られた。廻縁の高欄、つまり手すりも、これまで寺社建築のように赤く塗られていたが、元来の黒っぽい木調になった。

　細かな指摘をすれば、いろいろある。窓枠や格子をおおっているのは、戦前のような銅板ではなくアルミであるし、最上層の真壁には木材は使われず、コンクリートで柱のように造形し、彩色しているだけである。とはいえ、天守のプロポーションも破風の形状も、昭和四十一年に再建された当時のままなのに、こうして意匠をあらためただけで、印象がはなはだしく変わることに驚かされる。見た目だけでも元来の姿に近づいたことは、素直によろこぶべきことだろう。

## 三　名古屋城と江戸城の問題点

### 名古屋城天守とバリアフリー

鉄筋コンクリート造の天守が老朽化したのを機に、木造で建て替えることが検討されている城もいくつかある。原爆で倒壊した広島城や、戦後の失火で焼失した松前城などがその例だが、以前から良くも悪くも話題になっているのは、昭和三十四年（一九五九）に竣工した鉄筋コンクリート造の天守の老朽化を機に、木造での再建計画が進められている名古屋城天守である。

当初の予定では、すでに完成しているはずだった木造天守は、復元に取りかかるのが遅れに遅れている。だが、今後の城郭建築の再建や城郭の再生、または日本の伝統的景観の維持などについて考えるうえで、名古屋城の天守復元をめぐる問題は、とても示唆的であるので、ここで考察しておきたい。

計画が進まなくなっている理由はいくつかあるが、ここではバリアフリー問題を中心に考えたい。この問題で事態がそれまで以上にもつれたのは、令和五年（二〇二三）六月三日、名古屋市主催で再建される天守のバリアフリー化について話し合われた市民討論会でのことだった。

この時点で名古屋市は、車いすの利用者と介助者の二人が同時に乗れる昇降機を、地階と一階のあいだに設置することを決めていた。それを最上階まで設置するかどうかについては、結論が出ていなかったが、市は「様々な工夫により、可能な限り上層階まで昇ることができるよう目指し、現状よりも天守閣のすばらしさや眺望を楽しめることを保証する」という方針を明らかにしていた（名古屋市『木造天守閣の昇降に関する付加設備の方針』）。

ただし、エレベーターに関しては、史実に忠実に復元すると、一般的な車いすを乗せられるサイズのものは設置できない、としていた。それも無理はない。そもそも伝統工法で建てられた高層の木造建築は、エレベーターの設置に適していない。エレベーターは揺れてはいけない構造だが、伝統的な木造建築は、地震が起きると建物が揺れ、その振動でエネルギーを吸収する構造になっている。だから名古屋市は、早い段階でエレベーターを設置するという選択肢を見送っていたのである。

さて、件の市民討論会では、車いすの男性が「いままであったものをなくしてしまうというのは、われわれ障害者が排除されているとしか思えない」と発言した。障害者に最大限の配慮をし、彼らの便宜に供する最善の方法を最後まで模索するのは当然のことである。しかし、この男性の発言は、あきらかに誤解にもとづいていた。

六十余年前に建てられた、いまの鉄筋コンクリート造の名古屋城天守に設置されているのと同じエレベーターを、木造で復元する天守に設置できないのは、障害者を排除するためではない。ひとつは、もとの姿を忠実に復元する必要があるからだが、もうひとつは、大型のエレベーターは伝統工法による木造建築に適合せず、無理に設置すれば危険をともなうからなのである。

車いすの男性の発言に対しては、討論会の参加者から「平等とわがままを一緒にするな。エレベーターも電気もない時代につくられたものを再構築するという話。そのときに、なんでバリアフリーの話が出るのかな、というのが荒唐無稽で、どこまで図々しいのという話で、我慢せいよという話なんですよ」などと、心ない発言が浴びせられた。

残念なことに、こうした差別的な発言がクローズアップされたために、障害者差別という案件が独り歩きしてしまった。その結果、木造復元天守のバリアフリー化はどこまでが可能で、どこから先は難しいのか、そもそもなんのために天守を木造で復元するのか、といった本質的な議論が置き去りにされてしまった。

そのことは大変に遺憾だというほかない。だから、ここで考えるべきことを考えておきたいが、その前提として、名古屋城天守の歴史的な価値と、それを木造で復元する意義について、最初に確認しておく必要があるだろう。

## 名古屋城天守の価値

名古屋城の築城工事がはじまったのは慶長十五年(一六一〇)で、命じたのは徳川家康だった。いまだ大坂城に健在だった豊臣秀頼ににらみを利かせるのが目的で、このため盤石の防衛力を備えるのは当然として、同時に徳川家の威信を示す必要もあった。天守の規模においても、豊臣大坂城を圧するものでなければならなかった。

工事は西国の二十の大名による御手伝普請で行われた。延べ二十万人もの人夫が動員され、天守は慶長十七年(一六一二)十二月に完成をみている。五重五階地下一階で、木造による天守本体の高さは三十六・一メートル。豊臣秀吉が建てた大坂城天守より一まわり以上大きく、その当時、やはり家康が建てた江戸城天守に次ぐ規模だった。

その後、寛永四年(一六二七)に三代将軍家光が再建した大坂城天守は、本体の高さが四十三・九メートルで、十年後の寛永十四年（一六三七）にやはり家光が建てた江戸城の三代目の天守は、四十四・八メートルに達した。しかし、これら二つは完成してから半世紀も経たずに焼失してしまい、以後は名古屋城天守がずっと、日本最大の規模を誇っていた。さらにいえば、約四千四百二十五平方メートルの延べ床面積は、落成したときから史上最大で、ほかの天守に抜かれたことがなかった。

下階から上階に向けて五重塔のように面積を逓減させていく層塔型は、当時としては最新の様式だった。また、厚さ約三十センチの壁の内側には、厚さが十二センチほどのケヤキやカシの横板が埋め込まれ、史上最高の防弾性能を誇っていた。柱などに使用された木材は、丈夫で耐久性が高いが高価な木曽ヒノキがほとんどで、建築資材の面から見ても、史上もっとも豪華な天守だった。天下人が建てた天守であればこそ、であった。

明治維新後、名古屋城は陸軍省が管轄する軍用地になったため、天守も一時は兵舎として使われ、取り壊しの危機にさらされたこともあった。だが、第二章で述べたように、明治十二年（一八七九）に姫路城とならんで、日本の城としてははじめて永久保存されることが決まった。昭和五年（一九三〇）に城郭としてははじめて、旧国宝に指定されたのも名古屋城だった。

現存する十二の天守のうち最大のものは、その姫路城天守だが、延べ床面積は名古屋城天守の半分にすぎない。むろん、規模の大きさは歴史的建造物の価値を測るうえで、ひとつの側面にすぎないが、名古屋城天守の壮大な規模は天下人の建築ならではのものであり、そこに価値があった。天下人が建てて明治維新まで存続した唯一の天守で、日本の城郭建築の到達点を示す最高峰の木造建築であったことを、疑う余地はない。

それほどの文化財が焼失してしまったことは、惜しまれてならない。だが、幸いにも、この天守に関しては、詳細な記録にとどめられている。まず、江戸時代に修理や改築が重ねられるたびに作成された資料が、尾張藩士の奥村得義と養子の定が編集した『金城温古録』等として残され、各建造物の間取りから柱の位置まで正確に伝えられている。

さらに、その後の記録も豊富だ。一時、皇室の離宮となっていた名古屋城は昭和五年（一九三〇）、名古屋市に下賜されると、天守をはじめ二十四の建造物が国宝に指定された。このとき名古屋市土木部建築課はこれらの調査に着手し、文部省の指導のもと、細部にいたるまで計測したのである。

その図面を整理する作業を重ねているさなかに、天守をはじめとする二十棟が、B29爆撃機が落とした焼夷弾のために焼失してしまった。それでも、図面の整理は戦後になっても続けられ、昭和二十七年（一九五二）、二百八十二枚の清書図と二十七枚の拓本の計三百九枚が完成した。また、昭和十五年（一九四〇）からは、旧国宝建造物二十四棟の写真撮影も行われ、それらは七百三十三枚のガラス乾板に収められていた。

戦後、焼失したこの天守を再建するにあたっては、城ばかりか市街地全体が焼け野原になった記憶がまだ鮮明だったこともあり、耐火性能を優先して鉄筋コンクリート造が選ばれた。しかし、実測図と写真がこれだけ豊富にそろい、伝統工法で細部まで忠実に復元できる天守は、名古屋城をおいてほかにない。

## 天守建築の最高傑作――江戸城

名古屋城天守への理解をさらに深めるために、一部に待望論が根強い江戸城天守の再建問題と比較してみたい。

江戸城天守の再建問題がにわかにクローズアップされたのは、令和五年（二〇二三）十一月のこと。菅義偉元総理がテレビ出演した際、インバウンド政策に関する話題として「江戸城を活用しないのはもったいない」と話したのがきっかけだった。

この意見に対しては、賛成の声が寄せられた反面、「万博以上に不要」「観光の目玉という発想が古い」「ほかに優先すべきことがある」等々、否定的な意見も多かった旨が報じられている。またメディアも、たとえば同年十一月十一日付の東京新聞の記事は、「為政者からすれば、厳しい現実から国民の目をそらせ、都合のいい提案だ」というコメントで締めくくられていた。しかし、江戸城天守の歴史的な位置づけや、再建によって得られる効果、その実現性等について検討する以前に、無意味と断じたり、構想のなかにことさらイデオロギーを読もうとしたりするのは、ナンセンスというほかない。

徳川将軍の居城たる江戸城は、日本最大の城であるばかりか、その規模はほかの城とくらべてけた違いだった。それは石垣や堀、現存する櫓や門などをとおして、いまも体感することができる。このため、東京を訪れた外国人から、日本の歴史や伝統に触れられるスポットをたずねられると、私は江戸城を訪問するように薦めることが多い。

ところが、江戸城がそれほどの城であったとは、日本人のあいだにもあまり知られていない。それどころか「東京に城があるんですか」と真顔で聞かれることもたびたびである。ましてや外国人は、説明を聞きながら見学しないかぎり、その価値に気づくのは難しいのではないだろうか。そんなとき、天守が建っていればわかりやすかったのに、と夢想することがある。天守があれば、それがランドマークとして史跡全体を照らし出し、旧江戸城に残る歴史遺産が脚光を浴びるようになるかもしれない。

だから菅元総理の発言は、私にとってある意味、渡りに船であったが、しかし、それはあくまでも「ある意味」にすぎなかった。江戸城天守を再建することの難しさを痛感するからである。では、なぜ「難しい」と感じるのか。それを理解する前提として、この天守がどんな建築であったかについて確認しておきたい。

江戸城には五重天守が計三回建てられた。最初のものは、慶長十二年（一六〇七）に徳川家康が建てた天守で、壁面は白漆喰で塗籠られ、屋根には鉛瓦が葺かれた真っ白い天守だったようだ。ところが、十五年後の元和八年（一六二二）、二代将軍秀忠はこの天守を解体して、あらたに天守を造営した。手狭になった本丸を拡張するにあたって天守の撤去が必要になり、拡張された本丸の北端にあたらしい天守が築かれたのである。

その十五年後にも、天守は建て直された。三代将軍家光が寛永十四年（一六三七）、秀忠が建てた天守をいったん解体し、同じ位置にほぼ同じ規模で造営している。用材は可能なかぎり再利用しながら、装いをあらたにしたものと思われる。

高さが七間（十四メートル弱）の天守台に建てられたこの天守は、木造部分の高さがすでに述べたように四十四・八メートルと史上最高で、天守台をふくめると五十八・六メートルにもおよんだ。現存するなかで最大の姫路城天守は、本体の高さが約三十二メートルで、一階の面積は江戸城天守の四割強にすぎない。姫路城天守よりも二回り近く大きかったことになる。

壁面には耐火性能を高めるために高級な銅板が張られ、そこに黒い塗料が塗られていた。また、屋根も銅瓦葺きだった。家康が建てた純白の天守とは対照的な黒い天守で、それぞれの破風は黄金の飾り金具で飾られ、鯱や軒先の瓦も黄金色に輝いていた。

高層建築としての天守は、すでにみてきたように、織田信長が安土城に五重天主を築いて以降、急速に普及した。慶長二十年（一六一五）の大坂夏の陣ののち、一国一城令と武家諸法度によって城郭の築造が制限されるまで、全国に無数の天守が築かれ、その建築技術は短時日のうちに進化を遂げた。家光が建てたこの三代目の江戸城天守は、その究極の発展形だった。上の階にいくにしたがって床面積が規則的に小さくなる層塔型としても、構造やバランスが完成の域に達していた。

城郭建築の権威である三浦正幸氏は、この天守について「構造的にも天守発展の最終段階」で、「その造形の洗練された美しさで他城の天守を寄せ付けず、天守建築の最大かつ最高傑作であり、さらには世界に誇る日本の伝統的木造建築技術の最高到達点であった」と記している（『図説　近世城郭の作事　天守編』）。

## 江戸城復元が困難な理由

しかし、それを復元するとなると、かなりの困難がともなうと思われる。

家光が建てたモニュメンタルな天守は、江戸の町の六割を焼き尽くした明暦三年（一六五七）の大火で焼失してしまい、以後、江戸城に天守が建てられることはなかった。加賀（石川県南部）藩主の前田綱紀に天守台の再建が命じられ、それは完成したのだが、当時の将軍であった四代家綱の叔父、初代会津藩主の保科正之が、天守について、軍用としては役に立たず、ただ遠くが見えるだけのもので、そんなものよりも町の復興に人力を割くべきだ、と提言。それが受け入れられて、再建が中止されたのである。

保科正之が反対したという史実を踏まえ、再建すべきでないとする声もある。三百七十年近く前に「必要ない」と決めたものを建てるのは、そもそも幕府の意思に反するのではないか、というのである。

だが、それは違う。当時の徳川幕府は江戸城に天守が「必要ない」と判断したわけではない。復興の優先順位を決める際、天守が後回しにされたにすぎない。だから、以後も六代将軍家宣と七代将軍家継の正徳年間（一七一一〜一六）に再建案が浮上し、詳細な図面も作成されたが、財政難が理由で実現しなかった。幕府は天守の再建を積極的にやめたわけではなく、余裕さえあれば建てたいと考えていたのである。

幸いにも、明暦の大火で焼失した三代目天守は、「江府御天守図百分之一」「江戸城御本丸御天守閣建方之図」「江戸城御本丸御天守閣外面之図」（いずれも甲良家文書）などが残っているため、かなり正確に復元することができる。かつての設計図にしたがって伝統工法で再建できるのであれば、「日本の伝統的木造建築技術の最高到達点」を、技術とともに後世に伝えるという意味で、価値ある事業になるだろう。

五百億円を超えるともいわれる総事業費をどのように工面するのか、という問題はあるが、首都のど真ん中にそびえることになるので、インバウンドをふくめた経済効果は大きいと思われる。コロナ禍において、効果がまったく疑わしい施策に千億、あるいは兆という単位の予算が次々と注ぎ込まれたのにくらべれば、はるかに大きな費用対効果が見込めるだろう。

かつて天守が建っていた本丸跡が属する東御苑は、一般に公開されているとはいえ皇居の一部であり、天守を復元するとなれば法改正等の手続は必要だ。また、皇居を睥睨する建築が皇居内にできることに、抵抗する声が上がるかもしれない。しかし、すでに皇居の周囲には多くの超高層ビルが建ち並んでおり、高さ六十メートル未満の建物に対してそんな指摘がなされるのはナンセンスではないだろうか。

このように記すと、予算等の問題をのぞけば、復元への障壁はさほどないように感じられるかもしれない。だが、じつは、別種の問題がある。それは、今日まで残されている江戸城の天守台には天守が建ったことがない、という歴史的事実である。

天守の焼失後、幕府の命で前田綱紀が天守台を再建したという話は先に書いた。石垣の築石が火災の際に焼けただれたため、いったん天守台を撤去し、まったくあらたに石垣が積まれたのである。焼失した天守とほぼ同規模で再建する計画だったので、あたらしい天守台の平面の面積は、撤去されたものとほとんど変わらなかった。しかし、高さは違った。家光の天守台は七間（十四メートル弱）あったが、再建されていまに伝わる天守台は六間（約十二メートル）しかない。約二メートル低いのである。

現存する天守台に、家光による三代目天守を復元する場合、木造部分は正確に再現できても、天守台をふくめた全体には、史実と異なる部分が生じてしまう。そうかといって、石垣を積み増して高さを確保すれば、歴史遺産を改変することになってしまう。では、現存する天守台を前提に正徳年間に作成された天守の設計図にしたがって建てるのか。しかし、そうなると歴史遺産の復元ではなくなってしまう。

江戸城天守を復元するためには、この問題がクリアされなければならない。復元される意義はあると考えるが、復元されるべき場所には、それが建つべきではない石垣が残されており、いまのところ私は、この問題の解決策を見いだすことができない。

## なんのための復元か

しかし、名古屋城天守の復元にあたっては、江戸城天守が抱えるような問題は存在しない。江戸城天守も史料によって、木造部分をかなり正確に再現できると述べたが、昭和に徹底調査された実測図やガラス乾板写真が多数残っている名古屋城天守は、江戸城よりもはるかに精密な復元が可能である。

ただし、精密といっても、すべてが昔のとおりではない。たとえば、元来は天守建築の重量を天守台が支えていたが、熊本地震による熊本城の被災状況からもわかるように、大地震が起きたとき、その構造では安全性を担保しきれない。このため名古屋城では、木造天守を天守台で支持しない構造が採用されるという。その点では史実どおりの復元にはならないが、見えないところに最新技術をもちいて安全性を確保するのは、むしろ推奨されることだと考える。

「焼失したものを復元したところで本物ではない（からあまり意味がない）」という意見もある。だが、名古屋城天守の場合、わからない部分は想像で補う復元ではない。失われたものとほぼ同じ形態を再現できるので、後世にいたるまで、歴史的空間を正しく理解するために寄与するはずである。その建築が、天下人の天守であり、江戸城天守にも劣らない伝統建築の最高峰である以上、歴史的空間が再現されることにはいっそうの価値がある。復元の工程は、失われつつある伝統工法を継承するためにも意義があり、完成したあかつきには、日本人の文化的誇りの醸成にもつながるだろう。

じつをいえば、バリアフリーをめぐる問題のほかにも懸案事項はある。名古屋城は国の特別史跡に指定されているため、現状を変更するためには文化庁の許可が要る。それがまだ得られていないのだ。理由のひとつは、天守台の石垣をいかにして保存するか、という問題について、明確な回答が示されていないことである。また、文化庁は史実を重んじるように求めながら、その価値を広く知ってもらうために活用することと、そのための設備の付加を求めている。

だが、設備を付加することで、元来の構造が変更されるのは避けたい。そこで名古屋市はバリアフリーに加えて防災や避難のための設備を、柱や梁などの主構造を改変させることなく設置することを考えている。そして、それらを撤去すれば、復元天守は比較的容易に本来の姿に戻ることが前提にされている。

それでも、名古屋城天守の木造再建に関しては、バリアフリーに対応できていない、という問題がメディア等でクローズアップされ、世論がネガティブな方向に導かれているのが残念だ。しかし、バリアフリー化について検討する前に考察すべきなのは、なぜ名古屋城天守を木造で復元するのか、という原点についてである。

名古屋市の観光のシンボルをめぐる問題にすぎないなら、あまりうるさいことをいう必要もないだろう。しかし、繰り返すが、名古屋城天守は特別な建築だった。天下人が威信をかけて建てた、江戸城天守と同様の「日本の伝統的木造建築技術の最高到達点」だった。それほどの建築が、ほかの天守とは比較にならないほど正統的で、正確で、精密な復元が可能なのである。

だからこそ、五百億円ともいわれる費用を投じる価値があるのであり、巨費を投じる以上は、可能なかぎり史実に忠実に復元し、オリジナルの姿を損なわずに後世に伝える必要がある。史実と異なる部分をもうければ、後世に伝えるべき価値は著しく損なわれてしまう。

第三章で触れたように、復興された小田原城天守は、小田原市当局の要請に応えたばかりに、最上階にかつては存在しなかった高欄つきの廻縁がついてしまった。小倉城天守は破風が一切ないのが最大の特徴だったのに、復興に際して地元商工会の主張を受け入れ、いくつもの破風で派手に飾られてしまった。それらは取り返しがつかない結果を招いている。

名古屋市は「様々な工夫により、可能な限り上層階まで昇ることができるよう目指」しているという。その姿勢は失うべきではない。また、今後の技術の進歩により、バリアフリーを実現するうえで、あらたに可能なことも出てくるだろう。だが、名古屋城天守を木造復元する意義が、この特別な建築をよみがえらせて後世に伝えることにある以上、オリジナルの構造を大きく損ねるようなバリアフリー化には、私は否定的にならざるをえない。

その結果、障害者が上層階に登れないのが問題であるなら、身体に障害がない人も登らなければよいとさえ思う。だが、現実には、入場料を徴収して内部に人を入れなければば、復元にかかった費用を回収できず、維持費も確保できない。それなら、障害がない人も、昇降機等で車いすを運べる階までしか登れないようにするのも一案だろう。だが、いちばん大切なのは、ここに述べた木造復元の意義について、理解が行き渡ることではないだろうか。

# 第五章　日本の城が進むべき道

金沢城に復元された五十間長屋（左）と菱櫓

以前は城の整備といえば、建造物という「点」を再建して終わることが多かった。しかし、近年は「点」を超えて、それらが連なった「線」に意識がおよび、さらには城郭としての「面」を復元しようという動きも、各地で進んでいる。

地震などで崩れた石垣を積み直すにしても、一つひとつの築石を、ジグソーパズルのようにもとの位置に戻すという、きわめて精密な作業が求められるようになった。

こうして城域が広く「面」として整備されると、伝統が継承されていない周囲の景観との齟齬も目立つようになる。

本書の最後に、城郭の整備のあり方について長期的な視点で検討するとともに、城郭を交えた歴史的景観のあるべき姿についても考察を重ねたい。

## 一　広範囲にわたる復元への流れ

### 盛んな御殿、櫓、門の復元

天守の木造復元はなかなか前に進まない名古屋城でも、天守などと一緒に焼失した本丸御殿は、平成二十一年（二〇〇九）から復元整備が開始され、約百五十億円が投じられて三期にわたる工事が進められた。同三十年（二〇一八）に全体が完成し、以後、一般公開されている。『金城温古録』など江戸時代の詳細な記録に加え、昭和の実測図やガラス乾板写真が豊富に残されていたのは天守と同様で、精密な復元が可能となった。

この本丸御殿は、大小天守に続いて慶長十七年（一六一二）に工事がはじめられ、慶長二十年（一六一五）二月までに完成した。また、寛永十一年（一六三四）に三代将軍家光が上洛途上に宿泊するにあたって、大きく増築された。城主の居所および藩政の中心が二の丸御殿に移ったこともあり、その後、大きく改造されることがなかったため、慶長期と寛永期の建築が併存していた。それが忠実に復元されたので、御殿建築がどのように発展していったのかもよくわかる。

だが、外観は焼失前の姿と異なっている。本丸御殿を構成する主要な殿舎の屋根は創建当初から、薄く削いだ板を厚く重ねる柿葺きだった。書院建築の屋根は、柿葺きにするのが正統だったが、耐久性が低く葺き替えコストもかさむため、享保十三年（一七二八）、瓦葺きに改修された。それも本瓦より安価で軽い桟瓦が選ばれ、その際、入母屋破風の妻も、木連格子と金の破風装飾の組み合わせから、安価な白漆喰に改変されていた。

しかし、復元にあたっては、屋根も破風も寛永期の姿に戻したので、外観が戦前の写真とは異なる。

本丸御殿の復元も国の特別史跡内における現状変更であったため、文化庁の許可が必要だった。しかし、焼失後はじめての再建なので、天守のような解体にともなう問題は発生せず、石垣上に建てられていないので、石垣の保存についての検討事項もなかった。それ以上に、高層建築ではないために、耐震および防火対策が容易で、バリアフリー化に関する問題も起きにくかった。こうして復元作業がスムーズに進展した。

同様の理由により、近年は全国の城郭で、櫓や門、御殿などの再建が盛んになっている。その際、史跡や特別史跡に指定されていて文化庁の許可が必要な場合も、そうでない場合も、発掘調査や史料の精査を重ね、木造による伝統工法で、可能なかぎり往時の姿に忠実に復元されることが多くなったのは、歓迎すべきことである。

名古屋城本丸御殿が公開された平成三十年（二〇一八）以降に完成した、主だった復元建築を列挙する。福井城（福井県福井市）の山里口御門。水戸城の大手門と二の丸隅櫓。鹿児島城御楼門。金沢城の巨大な櫓門である鼠多門。鳥取城（鳥取県鳥取市）の大手門である中ノ御門表門（渡櫓門も令和七年完成予定）。いずれも綿密な考証を重ね、往時の工法による木造で復元された点が共通している。

## 金沢城の復元手法

また、近年は櫓や門などを「点」として整備するだけでなく、城郭の跡地を可能なかぎり「面」として整備する試みも増えている。そうした例のひとつが金沢城である。

加賀前田百万石の居城であった金沢城は、明治六年（一八七三）の「全国城郭存廃ノ処分並兵営地等撰定方」によって存城とされた。このため陸軍歩兵第七連隊が入ったが、明治十四年（一八八一）に兵士の失火が原因で、現存する石川門と三十間長屋、鶴丸倉庫を残し、二の丸御殿のほか、数々の門や長屋（多門櫓）などが焼失してしまった。

その後は城内に陸軍第九師団司令部が置かれ、戦後は金沢大学のキャンパスとなっていた。平成七年（一九九五）に金沢大学が郊外に移転すると、石川県が国から跡地を取得。都市計画公園事業に着手し、その一環として復元整備事業がはじまった。

まず、同十三年（二〇〇一）に開催された「全国都市緑化いしかわフェア」に合わせて、二の丸の菱櫓（平面が菱型の三重櫓）、五十間長屋、橋爪門続櫓、橋爪門一の門（高麗門）がよみがえった。この一連の建造物はひと続きで、土台となる石垣の解体調査を行ったうえで、文化五年（一八〇八）の再建史料にもとづき、延べ五万四千人もの職人が参加し、伝統工法で復元された。約千九百平方メートルという床面積は、木造復元された城郭建造物としては最大級である。鉛瓦や、壁面に平瓦を並べた海鼠壁など、金沢城の特徴も忠実に再現され、美観に貢献している。

平成十八年（二〇〇六）には第二期復元整備事業が開始され、翌十九年（二〇〇七）、三の丸の正面に位置し、事実上、金沢城の正門だった河北門の復元が着手された。翌二十年（二〇〇八）には金沢城跡が国の史跡に指定されるという追い風を受け、平成二十七年（二〇一五）には橋爪門二の門の復元も完了。これはすでに復元済みの橋爪門一の門とともに枡形を構成していた。こうして、城内でもとくに堅固で「三御門」と呼ばれた石川門、河北門、橋爪門がそろうことになった。

建造物だけではない。橋爪門が完成したのと同じ平成二十七年には、三代藩主前田利常が城内西側の玉泉院丸に創設した、城内きっての池泉回遊式庭園が復元された。この庭は明治期に、歩兵第七連隊や第九師団司令部などの手で、池は埋められ、築山は崩されていた。さらに戦後は、そこに県スポーツセンター、続いて県体育館が建てられたが、平成二十年（二〇〇八）に体育館が取り壊されると発掘調査に着手。その結果にもとづき、絵図などを参照して復元された。

その玉泉院丸には、現在は尾山神社の境内になっている金谷出丸側の出入口として、大型の櫓門である鼠多門が構えられていた。金沢城のほかの建造物と同様、腰壁には海鼠壁が採用されていたが、ここだけは並べられた平瓦の目地が、白漆喰ではなく黒漆喰で印象深かった。この門が、金谷出丸とのあいだを結ぶ鼠多門橋と一緒に、令和二年（二〇二〇）に復元された。

このように金沢城の復元整備は、櫓や門などの「点」だけに焦点を当てたものではなく、点と点を結んだ「線」、さらには線で囲んだ「面」をも整備している。精密に復元された「点」は、最大の大名であった前田家の、美意識に裏打ちされた威信をいまに伝える。同時にこれらが、訪れた人の視線を「線」および「面」へと誘導する。導かれた側はこの城郭の散策を、テーマパークを訪れたように楽しみながら、その規模や構造を把握する。結果として、城域がくまなく意味ある空間となっていく。価値ある復元である。

令和六年（二〇二四）の能登半島地震では被害に遭ったが、現在も、藩主の住まいであり政務の場でもあった二の丸御殿の復元に向けて、整備が進められている。

## 熊本城と巨大地震

金沢城と同様、広域にわたる復元整備の目標が立てられ、事業が進められてきたのが、平成二十八年（二〇一六）の地震で甚大な被害をこうむった熊本城だった。「熊本城復元整備計画」が策定されたのは平成九年（一九九七）で、そこには「30年から50年をかけて、加藤清正が築城した城郭全体（約98ｈａ）を対象に、往時の雄姿を復元するとともに、市民や観光客に愛され利用される整備を目指す」と記されていた。

翌平成十年（一九九八）から早速、第一期の事業が開始され、築城四百年祭が開催された平成十九年（二〇〇七）までに完了した。これにより、西出丸一帯に南大手門、戌亥櫓、未申櫓、元太鼓櫓が、総事業費約十九億円で復元され、平成十一年（一九九九）の台風で倒壊した西大手門も、約五億円をかけて再建された。また、飯田丸には約十一億円の事業費で飯田丸五階櫓が、本丸には約五十四億円を投じて本丸御殿大広間が、それぞれ復元された。むろん、いずれも木造の伝統工法によって建てられた。

続いて、平成二十年（二〇〇八）から二十九年（二〇一七）までの予定で、第二期の整備が進められ、本丸の南側に位置する竹の丸の馬具櫓と続塀などの復元が終わっていた。その後も竹の丸五階櫓、数寄屋丸五階櫓、御裏五階櫓という五階櫓三棟のほか、櫨方三階櫓、北大手門など、主要な建造物が続々とよみがえるはずだった。

ところが、平成二十八年（二〇一六）四月十四日二十一時二十六分、熊本地方はマグニチュード六・五、最大震度七の地震に見舞われた。しかも、これは前震にすぎず、同十六日一時二十五分には、マグニチュード七・三、最大震度七の本震が発生した。そもそも、かつて茶臼山と呼ばれる丘陵だった熊本城一帯の地質は、金峰山に由来する火山噴出物が積もっているところに、阿蘇山から流れ出た火砕流が堆積したもので、全体に軟弱だった。この地震は震源の深さが約十キロと浅く、脆弱な地盤に激しい揺れがもたらされたため、被害が大きくなってしまった。

国の重要文化財に指定されていた十三棟の建造物はすべてが被災し、北東の石垣上に建っていた東十八間櫓、北十八間櫓は全壊した。加藤清正がいまの本丸から南西約八百メートルの位置に築いた古城の天守が移築された、ともいわれる三重五階の宇土櫓は、石垣の下部にはらみが生じたものの、本体は屋根や外壁の破損や、床の傾きなどの被害で済んだ。しかし、続櫓は倒壊した。

復元建造物、すなわち昭和三十五年（一九六〇）に鉄筋コンクリート造で外観復元された大小天守をふくめ、史料を活用して史実にもとづき復元された二十棟も、すべてが被災した。塀もほとんどが倒壊した。

しかし、もっとも大きな被害が生じたのは石垣だった。残っている九百七十三面（約七万九千平方メートル）のうち、築石が崩落した箇所は二百二十九面（約八千二百平方メートル）と、全体の一割強におよび、ゆるんだりふくらんだりして積み直しが必要になった箇所は五百十七面（約二万三千六百平方メートル）と、全体の約三割を占めた。ほかにも、約七十カ所（約一万二千三百四十五平方メートル）で上面が沈下または陥没したり、地盤に亀裂が生じたりしたという。

その修復には、気が遠くなるような膨大かつ緻密な作業が必要になる。そもそも、一平方メートルあたり三～四個の築石が積まれていると考えた場合、積み直す築石の数は七万～十万個にもおよぶ。むろん、ただ積めばよいのではない。すべての石を崩落前に積まれていた場所に積み直すのが原則である。

たとえば、令和四年（二〇二二）五月から積み直し作業がはじまった飯田丸五階櫓の石垣の場合、まず、被災前の写真や石垣の図面を参照し、崩れた築石が積まれていた場所を探す石材照合が行われた。その結果、大半の築石をもとの場所に戻すことができたものの、なかには破損している石材もあった。割れていても接合が可能であれば、樹脂製の接着剤やステンレス製の棒で接合し、修復不可能なものは、もとの築石の正面の型をとり、あらたな石材をそれと同じ形状になるように加工した。

崩れた熊本城の石垣

それらを積む際も、被災前や解体前の写真を確認し、一石ずつ勾配に留意しながら積み上げられた。築石と築石のあいだには小ぶりの間詰石を、背後には栗石（こぶし大、または人頭大の石）や介石（築石を裏から支える平たい石）を入れ、築石を安定させながらの作業である。ただし、被災前と同じように積むだけだと、ふくらみやズレなどの不安定な要素も復元することになりかねないので、熟練の職人が微調整を繰り返しながら、安定性を確保したという。

また、石垣が地震で崩落する原因のひとつが栗石の流動化だとわかったので、ステンレスと樹脂を接合した格子状のシートを栗石の内部に設置。先の熊本地震と同規模の地震に見舞われても、石垣が崩落しないように対策が施された。

## 百年先への視野

こうした作業を各所で重ねるのだから、膨大な手間と時間がかかるのは避けられない。かつての天下人のように、一日に数万人を動員できるなら作業もはかどるだろうが、現代においては、それは不可能である。

熊本市が平成三十年（二〇一八）三月に策定した『熊本城復旧基本計画』では、復旧期間が二十年と設定された。つまり、令和二十年（二〇三八）度には復旧が完了するとされていた。しかし、令和四年（二〇二二）度に、それまでの復旧の達成状況や今後の課題などを検証し、計画期間が見直された。

その結果、復旧基本計画は期間が当初より十五年延びて三十五年とされ、すべてが復旧するのは令和三十四年（二〇五二）度になると発表された。具体的には、計画十五年目、すなわち令和十四年（二〇三二）度までに宇土櫓と本丸御殿が復旧し、二十五年目、すなわち令和二十四年（二〇四二）度までに、主要区域および重要文化財に指定されているすべての建造物が復旧する。その後、臨時で設置されている特別見学通路を撤去し、この通路の下部に位置する石垣の修復や、主要区域以外の工事を実施するという。

かなり先が長い話になってしまった。しかし、それは稀有な文化財であり史跡である熊本城の価値を減じないために、拙速な復旧は避けるという強い意思表示でもある。とりわけ評価し得るのは、『熊本城復旧基本計画』第４章６の「１００年先を見据えた復元への礎づくり」である。

そこには、復旧事業が長期にわたって続くため、必要な専門知識や技術をもつ人材を継続的に確保する必要があり、その育成に取り組むという方針が記されている。そして当面の五年間は、石工、施工監理技術者、技術設計者など、石垣の復旧に必要な人材を、二十年から三十年後の世代交代や技術継承まで見据えながら育成するとされている。

さらに先の展望も示されている。前述のように熊本城では震災前まで、往時の雄姿を復元する「熊本城復元整備計画」が進められていた。それはいったん途絶えてしまったが、「復旧後の整備事業」として、こう書かれている。

「復旧完了が2052年と仮定すると、築城後445年になります。これまで検討してきたように『幕末期など往時の熊本城への復元整備』など長期的な整備事業に挑むとすれば、築城450年あるいは500年という節目が目標となります。当然私たちの世代で成し得ることではありませんが、将来に大きな夢を託す観点からも、現代を生きる私達の復旧には大きな意味と責任があります」

このように、百年先を見据えた視野こそが大切である。本書で繰り返し述べてきたように、城はいとも簡単に破壊されてきたし、整備するにしても一時の世論に左右されがちで、短期的な観光誘致に供することばかり優先されることが多かった。しかし、歴史遺産を後世に伝えるためにも、地域がその本質に根差して魅力を増すためにも、熊本城の復旧および復元整備の考え方は、ひとつの指針になると思う。

熊本城の崩落した石垣が、どれだけの手間と時間をかけて積み直されているか。日本の城は明治初期の取り壊しはもとより、その後も一部を除いて、開発や発展の名のもとに破壊されてきた。堀は埋められ、石垣は崩されて、市街地のなかに埋没していった。しかし、破壊は常に瞬時だが、壊れた歴史遺産を復旧するのがいかに困難であるか。その事実を前にしたとき、私たちが失ってきたもののかけがえのない価値に、気づくのではないだろうか。

## 二　城と周辺の環境との関係

### 赤穂城整備の限界

兵庫県赤穂市の赤穂城。元禄十四年（一七〇一）、江戸城本丸御殿松の廊下で、吉良上野介義央に切りつけ、即日切腹となった浅野内匠頭長矩が城主だったことで知られるこの城でも、点にとどまらず面を意識した史跡整備が進められている。

この城は常陸（南西部を除いた茨城県）から移った浅野長直が、慶安元年（一六四八）から甲州流軍学にもとづいて築いたもので、石垣が複雑に屈曲を重ねる、実戦的かつ非常に個性的な縄張りが特徴だった。多角形の本丸の周囲を、同様に多角形の二の丸が囲み、二の丸の北側二方向にかぶさるように広大な三の丸が配されている。現在、城域の大半で、こうした赤穂城ならではの特徴を味わえるが、それはたんに保存状態がよいからではない。徹底した史跡整備が進められており、その果実を味わえるのである。

戦前に空撮された城址の写真を見ると、水堀はすっかり埋め立てられている。昭和四十年代から、本丸周囲の堀が一部復元されるなどしたが、本丸に陣取っていた兵庫県立赤穂高校が、昭和五十六年（一九八一）に移転してから、整備に弾みがついた。

それ以後、本丸には庭園が復元され、かつての御殿の間取りがわかるように平面が整備された。石垣や土塁も復元され、平成八年（一九九六）には本丸門が、同十三年（二〇〇一）には厩口門と橋が、発掘調査や絵図、古写真などをもとに伝統工法で復元された。また、二の丸は民家をすべて立ち退かせ、三の丸とのあいだの失われていた堀が復元され、広大な庭園の復元整備も進んだ。石垣や土塀、門などの復元も進められている。

三の丸は、すでに昭和三十年（一九五五）に、大手門の高麗門や大手東北隅櫓が、明治時代に撮影された古写真をもとに再建されていた。加えて平成十四年（二〇〇二）には、明治初期に破壊された大手枡形が復元整備された。現存する大石内蔵助邸と近藤源八邸の長屋門も解体修理され、これらと大石神社以外の建造物はすべて撤去したうえで、現在も整備が進められている。

いったんは破壊が進んだ城であっても、その気になれば、ここまでもとに戻すことができるのかと、驚かされる。ただし、もとに戻せないところもある。かつてこの城は海に突き出た海城で、東は千種川、西と南は播磨灘に直接面していた。ところが、周囲はすっかり埋め立てられて、いまでは海は遠くなってしまっている。

二の丸の南方からは、発掘調査で長大な米蔵の遺構が見つかったため、その場所に米蔵を模した休憩所が建てられた。その近くの二の丸南端には水手門の跡がある。この門の外はかつて葦が生い茂る干潟で、満潮時には海水が石垣まで達したため、ここに船で物資が届けられ、城内に運ばれた。だから、そのすぐ内側に米蔵があったのである。現在、門の前には船を泊める雁木や、波をよける突堤などが復元されているが、かつての海は小さな堀として残されているにすぎない。海はすでに遠いため、堀の水も淡水である。

いうまでもないが、城を築く際に立地はきわめて重要だった。城とは周囲の環境と一体となって価値を有するものだった。「点」や「線」を超えて「面」として復元するのは、城の整備のあり方としてひとつの理想ではあるが、いくら「面」が整っても、面の延長である周囲の環境が破壊されていると、やはり価値は半減してしまう。赤穂城では望ましい復元整備が行われているだけに、周囲の海が安易に埋め立てられてしまったことが、とても残念に思われる。

**海が遠ざかった海城**

高松城、今治城、宇和島城の三城は、一般に日本の三大海城とされている。それぞれについて、かつての海城としての姿と現況を確認してみたい。

生駒親正が天正十六年（一五八八）に築城し、徳川光圀の兄である松平頼重が整備した高松城は、日本最大の海城だったといわれる。それればかりか、日本でいちばん美しい城だったかもしれない。北面は瀬戸内海に接し、海岸からそびえ、その裾を波が洗う石垣上には二重や三重の櫓が並び、それらは白い土塀で結ばれていた。また、海水を引き入れた広い水堀が城内をくまなくめぐっていた。明治になってからのものだが、「讃州讃岐は高松様の城が見えます波の上」という民謡のくだりもある。事実、海上から眺めれば、波の向こうに建ち並ぶ櫓と、その奥にそびえる三重四階の天守が望まれたはずで、ヴェネツィアのサン・マルコ広場を海上から眺めた光景とくらべたくなる。

現在も水堀には海水が引き入れられ、鯛が泳いでいる。だが、周囲は埋め立てが進み、城の中心部こそ海と近いが、石垣と海をへだてて水城通りと呼ばれる車道がとおされ、フェリー乗り場がもうけられている。

北の丸の最北端には三重の月見櫓と水手御門が現存する。月見櫓は本来、船の出入りを監視する「着見櫓」だったといわれ、それに連続する水手御門は海に向かって開かれ、参勤交代の際などには、藩主は沖合に停泊する御座船まで、ここから小舟で移動したという。しかし、いま門の外にあるのは、水も涸れそうな狭い堀である。月見櫓も水手御門も持ち場を失ってしまい、博物館の展示物のようになっているのが惜しまれる。

藤堂高虎が慶長七年（一六〇二）から、三角州の砂地に築城工事を開始した今治城は、内堀、中堀、外堀と三重の堀で囲まれた輪郭式の城郭で、北側は瀬戸内海に面していた。いまも残されているのは、幅が五十～七十メートルにおよぶ広い内堀と、それに囲まれた本丸と二の丸だけである。水堀にはいまも海水が引き込まれているため、鯉ではなく鯛が泳いではいるが、海は少し遠くなってしまった。

今治城と同じ伊予に位置する宇和島城も、藤堂高虎の手になる。リアス式海岸である宇和海に突き出た標高七十七メートルの丘上に、慶長元年（一五九六）から六年かけて築かれた。丘陵先端の二方が海に面し、後方三方は海水を引き込んだ水堀に囲まれ、城域が不等辺三角形をした城郭だった。周知のとおり、この丘上には現存十二天守のうちのひとつが建つ。だが、堀はすべて埋められ、丘陵の裾を波が洗っていた海もすっかり埋め立てられ、かなり遠ざかってしまった。

それでもこの三城は海までの距離が近く、海城の名残はとどめている。というのも、かつての海城で、その面影をすっかり失っている城が多いのである。

大分県大分市の府内城は、水上に浮かぶ姿が格別であることから「白雉《はくち》城」の別名があった。城の北側と東側の、遠浅の潟に近いところに本丸があり、その外側には城の中心部を守るために、約六百メートルにわたって細い帯曲輪が防波堤のようにめぐらされていた。もちろん、帯曲輪の外は海だった。しかし、いまでは海岸線ははるか彼方に遠のいている。帯曲輪の外側にある狭い水路が海の名残で、その向こうには一面、ビルや住宅が建っている。しかも、埋立地には歴史的景観への配慮がまったくないまま、高層建築が次々と建てられ、城跡を威圧するように睥睨している。

同じ大分県の臼杵城（臼杵市）は、三方が海に囲まれた断崖絶壁の「島城」だった。しかし、その面影がすっかり失われている。

この城は臼杵湾に浮かぶ東西約四百二十メートル、南北約百メートルの丹生島上に築かれ、北、東、南の三方が海に囲まれていた。キリシタン大名としても知られた大友義鎮（宗麟）が築城した当時は、干潮時にだけ西側の砂州が現れて陸地とつながる純然たる島だったが、大友氏の滅亡後、文禄二年（一五九三）に入城した豊臣系大名の太田一吉が、土づくりだった城を石垣で固めると同時に、西側の砂州を埋め立てて三の丸を整備し、以後は半島に近くなった。しかし、海に突き出した島城であることは、明治を迎えるまで変わらなかった。

いまは丹生島を歩いても、海が遠いうえに、眼下には断崖の直下から住宅がぎっしりと建っている。周囲の海は昭和四十二年（一九六七）までに、すっかり埋め立てられてしまったという。だが、いまも海に浮かぶ島のままだったら、どれほど壮観だったことだろう。内外から観光客が引きも切らず押し寄せ、みなその美しさに感嘆の声を上げたにちがいない。

臼杵城も城内の整備が進み、埋められていた堀が復元されたりもしている。また、保存状態のよい城下町の景観整備も進んでいる。むろん、それは評価できるが、島の周囲を整備して、かつてのような海に戻すことは永久にできない。

## 日本に欠けている視点

ヨーロッパでは、フランス西海岸のサン・マロ湾上に浮かぶ著名なモン・サン＝ミシェルはいうまでもなく、海城や海に面した城塞都市は、周囲もふくめて往時の環境が伝えられている例が多い。一方、日本ではいまも石垣が波に洗われている城は、萩城や唐津城など、ごく一部の例外にすぎない。尼崎城のように、海が遠くなっただけでなく、城の遺構がなにひとつ残っていない海城の例さえある。

日本ではバブル期までの土地神話、すなわち地価は必ず上がるという思い込みが象徴しているが、海であれ、湖沼であれ、堀であれ、埋められるかぎりは埋め立てて、あらたな土地を創出することに価値が見出されてきた。土地の創出は富の増大に直結し、ひいては地域や国土の発展につながると信じられてきた。

欧米に追いつき、追い越すことを意識しながら、歴史遺産のおかげで地域が豊かになり、国土の魅力が増す、という発想が欧米にあることには気づかず、短期的な富の増大のために歴史遺産を犠牲にするという愚行を繰り返してきた。日本のこうした姿勢は明治時代にはじまり、戦後の復興期、そして高度経済成長期に拍車がかかった。

本書の最後に海城を取り上げたが、それは海城がとくに問題だからではない。城の周囲の環境が守られていないことを伝えるのに、海が埋め立てられたという事例が好適だったからにすぎない。残念ながら、問題が多い点は海城にかぎらない。堀を埋め、石垣や土塁を崩して市街化された区域がない城など、世界遺産の姫路城をふくめて日本にはほとんど存在しない。

そして、いったん市街化された区域には、高いビルが無節操に建ち、歴史的景観を愛でようにも、そうした建物が暴力的に視界の邪魔をする。あるいは、わざわざ歴史遺産を破壊して生み出した土地が、空き家や空き地だらけという場合も少なくない。

たとえば小倉城は、かつては紫川の河口近くに五重の堀が囲み、総構の周囲は約七キロにおよぶ壮大な城だった。現在、公園として残されているのは、本丸および南方の松の丸、北方の北の丸、それらを囲む堀など、かつての城域の一部にすぎない。それだけなら多くの日本の城郭とくらべて、特別にひどい状況とはいえないが、訪れて驚かされるのは、周囲から受ける圧迫感である。

本丸北側の二の丸跡には、リヴァーウォーク北九州など派手な色彩の奇抜な建築が壁のように建ち並び、残された城内のどこにいても視覚に飛び込んできて、歴史的景観を強烈に威圧する。しかも、それらのビルに入居しているのが、放送局や新聞社、劇場な

奇抜なビルに囲まれる小倉城

ど、文化に携わり、かつ公共性が高いはずの組織だから驚かされる。そのうえ、市庁舎や警察署までもが歴史的景観を妨害しており、日本という国の文化度を象徴しているようで悲しくなる。

史実に忠実な建造物の復元や、城域全体の復元整備。それらが重視されるようになったことは評価できる。しかし、そこにとどまって、歴史遺産が周囲の環境から浮き上がっているようでは、城は博物館の展示物と変わらなくなってしまう。天守や櫓、門など点の整備だけでなく、点と点を結んだ線、線で囲んだ面の整備にも意識が向くようになってきた、とすでに記した。それはいい。しかし、整備されるべき面は城外にまで広がるのが理想である。

埋立地をもとの海に戻すのは難しい。しかし、熊本城の復旧で石垣を積み直す際の、もとの姿を忠実に復元するための徹底したこだわり。復旧するだけでなく、以前より強度を高めようという姿勢と、それを可能にする技術。そうした意識と取り組みが、城郭を取り囲む環境にまで向くようになれば、悲劇的であった日本の城の歴史に、少しは光明が差すことにもなるだろう。

そのときには刹那的な利を追わずに、百年先まで見据えて取り組んでほしい。それは地域だけでなく、日本全体の誇りになる。日本の魅力を本質的に高めながら海外にも発信すれば、為替の動向に左右されることなくインバウンドを呼び込める力にもつながるだろう。

# おわりに

城は軍事施設ではあるが、信長や秀吉の時代からは、むしろ各地の権力の中核であり象徴であった。したがって、当時の日本の技術も、文化も、美意識も、城のなかに集約されていた。ところが、そんな「お城の値打ち」を、新政府の軍用財産として使えるかどうかという基準だけで判断したのは、薩長の下級武士たちだった。使えない城は破壊し、使えると考えたとしても、旧来のパッケージには値打ちを認めず、軍隊の駐屯地とするために邪魔だと判断したものは容赦なく破壊した。

過去について仔細に検証することなく否定することの不幸について、私はよく考える。その最初の例が明治維新である。排斥したかった欧米に敵わないと知ると、一転して猿真似をし、過去から継承された日本の持ち味には目もくれなくなった。第二次大戦後も同様だった。日本を完膚なきまでに破壊したアメリカに迎合し、伝統には十把一絡げに

「軍国主義」のレッテルを張って、無視を決め込んだ。どちらの時代も過去にフタをするだけで、内在的な批判を加え、値打ちがあるものは掬い出し、受け継ぐということを避けた。

そしてどちらの時代にも、本書に詳述したように城は犠牲になった。戦後は復興のシンボルとして各地に天守が林立したが、伝統を継承するという意識は残念ながら、そのほとんどにおいて反映されていない。それ以上に城の周囲の環境を、利便性という唯一の価値基準のもと、日本中で無惨に破壊しつくしていった。

過去を検証せずに否定するといったが、この姿勢は現代日本においてもよく見られる。紙数がないのでひとつだけ例を挙げれば、先ごろのコロナ禍である。

このとき政府は、新型コロナウイルスへの感染を避けることを唯一の旗印に、人々に行動制限を強いた。対策費を捻出するために二百兆円もの国債を発行し、将来の日本から成長の可能性を奪った。私たちを取り巻くリスクは、コロナウイルスだけではなかったはずだ。行動できずにフレイルに陥り、命をすり減らした高齢者が多かったのはいい例である。ところが、大きな禍根を残しながら、専門家なる人々のいいなりになった政策のどこに問題があったのか、徹底して検証したあとはない。

明治維新と戦後という二つの時代に乗り越え方をまちがったせいで、過去は検証せずにフタをすればよいという悪いクセが、日本人についてしまった。そう思えてならない。それらの時代に犠牲を強いられた各地の城郭を訪れるにつけ、そんな思いに駆られる。

こうした意味で、「お城の値打ち」の品定めとは、日本の歴史や文化、伝統の値打ちを考察することであり、日本人がこれから、それらとどう向き合っていけばよいかを考えることだと思っている。日本人のあり方を考えることだと言い換えてもいい。本書を書き下ろすにあたって、考えていたのはそんなことだった。大風呂敷を広げているように聞こえるかもしれないが、日本の城のあり方には、これらの問題が凝縮している。

明治維新からすでに百五十年以上が経過した。その間に城跡としての歴史が蓄積しているから、それも大事にすべきだと訴える研究者もいるようだが、私にはまったく理解できない。「値打ち」を認めなかった時代の検証は必要だが、その歴史を無批判に受け入れても、「値打ち」の否定にしかならない。

私のもう一方の専門分野を引き合いに出せば、たとえばオペラの楽譜は、劇場で長く演奏が繰り返されるほど、作曲家の意図と離れた表現が慣習化するので、批判校訂が欠かせない。あるいは絵画は、後世の汚れや加筆を除去できるなら、できるに越したことはない。汚れたままでは、創作時の画家のねらいと観た人が受けた衝撃が伝わらないからである。

城も同じだと考える。それが現役だったときの姿に少しでも近づけたいと願ってはじめて、前述のような問題と直面し、考察することになるのではないだろうか。読者をそんなところに導きたいというのが、本書に隠されたねらいである。

２０２４年12月

香原　斗志

# 主要参考文献

『小倉城——小倉城調査報告書』（北九州市教育委員会文化課編、北九州市の文化財を守る会、一九七七年）
『城と城下町』（藤岡通夫、中央公論美術出版、一九八八年）
『概説　松前の歴史』（松前町町史編集室、松前町、一九九四年）
『唐津藩四百年記念　からつ歴史考』（唐津市、一九九四年）
『よみがえる白石城』（我妻建治・平井聖・八木清勝、碧水社、一九九五年）
『白石城物語』（読売新聞東北総局、白石市文化体育振興財団、一九九五年）
『掛川城復元調査報告書』（掛川市教育委員会社会教育課、一九九八年）
『今治城見聞録』（今治城築城・開町４００年祭実行委員会、アトラス出版、二〇〇四年）
『よみがえる金沢城１　——４５０年の歴史を歩む』（石川県教育委員会事務局文化財課・金沢城研究調査室編、北國新聞社、二〇〇六年）

『よみがえる熊本城』（氏家佐編、碧水社、二〇〇八年）
『よみがえる金沢城2　――今に残る魅力をさぐる』（石川県金沢城調査研究所編、北國新聞社、二〇〇九年）
『世界文化遺産・国宝　姫路城の基礎知識』（姫路市立城郭研究室、二〇〇九年）
『大垣城の歴史』（清水進、大垣市文化財保護協会、二〇一二年）
『レンズが撮らえた 幕末日本の城《永久保存版》』（來本雅之編、小沢健志・三浦正幸監修、山川出版社、二〇一三年）
『甦る新発田城――新発田城三階櫓・辰巳櫓復元の歩み（改訂版）』（新発田市、二〇一四年）
『平成金沢城　まるごとガイド』（北國新聞社出版局・北國総合研究所編、北國新聞社、二〇一五年）
『豊臣大坂城　――秀吉の築城・秀頼の平和・家康の攻略』（笠谷和比古・黒田慶一、新潮社、二〇一五年）
『古写真で読み解く福岡城』（後藤仁公、海鳥社、二〇一五年）
『小田原城天守閣展示案内』（小田原城天守閣編、小田原城天守閣、二〇一六年）
『シリーズ・城郭研究の新展開3　三河岡崎城　――家康が誕生した東海の名城』（愛知中世城郭研究会編、戎光祥出版、二〇一七）

『復興 熊本城 Vol．1～7』（熊本城総合事務所／熊本城調査研究センター、熊本市／熊本日日新聞社、二〇一七年～二〇二三年）
『企画展「感謝・還暦！ 広島城 ――よみがえった城」展示解説書』（公益財団法人広島市文化財団広島城、二〇一八年）
『大洲城下物語』（藤田達生監修、愛媛県大洲市、二〇一九年）
『近世城郭の最高峰 名古屋城』（三浦正幸監修、名古屋城検定実行委員会、二〇一九年）
『丸岡城天守学術調査報告書』（坂井市教育委員会、二〇一九年）
『丸岡城 ――ここまでわかった！ お天守の新しい知見と謎』（吉田純一、坂井市文化課丸岡城国宝化推進室、二〇一九年）
『復元CG 日本の城』（三浦正幸監修、山川出版社、二〇一九年）
『復元CG 日本の城 Ⅱ』（三浦正幸監修、山川出版社、二〇一九年）
『古写真で見る幕末の城』（三浦正幸監修、山川出版社、二〇二〇年）
『城割の作法 ――一国一城への道程』（福田千鶴、吉川弘文館、二〇二〇年）
『小倉城と城下町』（北九州市立自然史・歴史博物館編、海鳥社、二〇二〇年）
『ふるさと和歌山城』（水島大二、ニュース和歌山、二〇二〇年）
『明石城 ――なぜ、天守は建てられなかったのか』（神戸新聞明石総局編、神戸新聞総合出

版センター、二〇二〇年）
『企画展「広島城大解剖」資料解説書「広島城」第3版』（公益財団法人広島市文化財団広島城、二〇二〇年）
『山陰名城叢書2 ――松江城』（中井均編、ハーベスト出版、二〇二〇年）
『島充の城郭模型紀行』（島充、大日本絵画、二〇二一年）
『松本城のすべて ――世界遺産登録を目指して』（「国宝松本城を世界遺産に」推進実行委員会 記念出版編集会議、信濃毎日新聞社、二〇二一年）
『写真でみる福山城』（福山城築城400年記念事業実行委員会・八幡浩二編、東京堂出版、二〇二二年）
『図説 近世城郭の作事 ――天守編』（三浦正幸、原書房、二〇二二年）
『図説 近世城郭の作事 ――櫓・城門編』（三浦正幸、原書房、二〇二二年）
『天守 芸術建築の本質と歴史』（三浦正幸、吉川弘文館、二〇二二年）
『天守のない城をゆく ――城の楽しみ方、活かし方』（澤宮優、青土社、二〇二三年）
『戎光祥近代史論集4 城郭がたどった近代――軍営・官公庁・公園・観光地への転換』（髙田徹編、戎光祥出版、二〇二四年）
『図説 近世城郭の普請 石垣編』（三浦正幸、原書房、二〇二四年）

『明治期における廃城の変遷と地域動向　――愛媛県内の城郭・陣屋を例として』（平井誠、二〇〇二年）
『近世城郭の文化財保護と保存・活用の変遷に関する考察』（徐旺佑、二〇〇九年）
『1890年の「存城」の払い下げとその後の土地利用における公園化の位置づけ』（野中勝利、二〇一四年）
『存城と廃城　――城はいつ終わったのか』（森山英一、二〇一六年）
『城郭保存運動の原点　――明治前期における政府関係者の城郭保存活動とその背景』（森山英一、二〇一六年）
『近代の明石城址における公園管理主体の変遷とその背景』（野中勝利、二〇一七年）
『明治期以降の松江城の変容とその後の復旧・復元　――「史跡松江城保存活用計画」が果たす役割』（錦織慶樹、二〇一八年）
『国宝犬山城天守の創建に関する新発見（従来の定説を覆す調査結果報告）』（光谷拓実、麓和善、二〇二一年）
『熊本城復旧基本計画』（熊本市、二〇二三年改訂）

香原斗志　神奈川県横浜市出身。
歴史評論家、音楽評論家。早稲田
大学教育学部社会科地理歴史専修
卒業。日本古代史、中世史、近世
史を中心に執筆活動を続ける。『教
養としての日本の城』他著書多数。

Ⓢ新潮新書

1069

お城《しろ》の値打《ねう》ち

著　者　香原斗志《かはらとし》

2024年12月20日　発行

発行者　佐　藤　隆　信

発行所　株式会社 新潮社

〒162-8711　東京都新宿区矢来町71番地
編集部(03)3266-5430　読者係(03)3266-5111
https://www.shinchosha.co.jp

装幀　新潮社装幀室

印刷所　株式会社光邦

製本所　株式会社大進堂



ISBN978-4-10-611069-6 C0220

価格はカバーに表示してあります。